"ॐ श्री गणेशाय नमः"

करोड़ों की बातें
MY MILLION DOLLAR ADVICE

अंजना रितौरिया

INDIA • SINGAPORE • MALAYSIA

ISBN 979-8-88869-952-2

श्रद्धांजलि

मेरे स्वर्गीय दादाजी और नानाजी के आशीर्वाद से मेरी पहली बुक "40 से 40 Crore" की सफलता के बाद एक बार फिर मेरी ये बुक श्रद्धांजलि रूप में आपको समर्पित करती हूँ, आपका आशीर्वाद हमेशा यूँ ही बनाये रखे।

स्वर्गीय श्री नाथूराम रीतोरिया

स्वर्गीय श्री रामचरन वर्मा

Gratitude & Dedication

ये Book समर्पित है मेरे गुरूजी पंढरीनाथ चव्हाण को जिन्होंने अपने अनुभव से पैसे को लेकर मेरी सोच भी बदली और कुछ नयी आदतें भी सिखाई जिसे मैंने अपने हज़ारों students के साथ शेयर भी किया।

आज मेरे गुरूजी की सीख और समझ से न केवल मेरे बल्कि कई परिवारों में खुशियाँ आ चुकी है, मेरी ये Book "करोड़ों की बातें" मेरे गुरूजी को समर्पित है और उनको शत-शत प्रणाम।

मेरी ये Book "करोड़ों की बातें" मेरे सारे students, YouTube subscribers और Instagram followers और मेरे सारे रीडर्स जो मुझसे मेरी पहली Book 40 से 40 करोड के द्वारा जुड़े और जिन्होंने "40 से 40 करोड़" से "करोड़ों की बातें" Webinar तक मेरे साथ ये सफर तय किया है, और मेरे इस Webinar का हिस्सा बने।

आप सबको तहे दिल से धन्यवाद। ये Book "करोड़ों की बातें" आप सबको समर्पित है।

"करोड़ों की बातें" उन सभी भाई, बहनो, बच्चों, Students को समर्पित, जो पैसे के सही इस्तेमाल से अपने जीवन में कुछ बड़ा करना चाहते है और वह सारी महिलाएँ जो ज़िंदगी में कुछ करना चाहती है और कुछ बनना चाहती है।

पैसे की ये Bible आपको समर्पित, जिस से आप पैसे के साथ अपने रिश्ते को खूबसूरत बनाकर अपने जीवन में बेहतरीन परिवर्तन ला सके और कई परिवारों और ज़िन्दगियों तक इस ज्ञान को पहुँचाकर और उनके भी जीवन को बेहतरीन और खूबसूरत बनाने में उनकी मदद कर सकें। मेरा और मेरे गुरूजी का ये ज्ञान आप सबको समर्पित।

अंतर्वस्तु/Contents

Section 1

अंतर्वस्तु/Contents

A Small Note of Gratitude

"Universe"

For inspiring me to Write "करोड़ों की बातें", My Million Dollar Advice.

Dhirendra Reetoria

For Proofreading this book.

Abhishek Reetoria

For his Strong Opinion and Support to Go Ahead with My Impulse of Writing "करोड़ों की बातें".

Ayushi Reetoria

For Designing the Cover as per my Vision and for Full Support in Handling All my responsibilities in this journey.

Pravesh Reetoria

For Animation and Support for Launching "करोड़ों की बातें".

Priyasha Reetoria

For being a very Strong member of my Team ever since my First Book and supporting me.

Apple

For Translating this Book in English. And Supporting my Dreams.

Sonali Panvalkar

For Handling Other Responsibilities independently in my Growth.

Thanks to All My YouTube and Instagram Family for Keeping Patience and for your Strong Support.

Anjana Army

A Big Thank you to my Anjana Army for your Cooperation and Support in this journey.

And a Big Thank you to All my Mentors, my Mother, my Father, and Guruji for their Blessings.

Acknowledgements

मैं धन्यवाद देना चाहती हूँ मेरे माता पिता को जिनके आशीर्वाद से "40 से 40 करोड़" से "करोड़ों की बातें" तक का ये सफ़र बहुत ही आसान और सफल रहा।

मेरे पिता के शब्द "सफलता तुम्हारे क़दम चूमे" ने इस सफ़र को बहुत ही आसान और खूबसूरत बनाया, क्योंकि माता पिता के शब्द अपने आप में Blessings है, कोशिश करें हर रोज़ हक़ से उनका आशीर्वाद ले बजाय property में हक़ मांगने से।

माता पिता का आशीर्वाद मिल गया तो property ख़ुद बना सकते है ये मेरा अनुभव है और आपके लिए शिक्षा भी। माता पिता के साथ पूरे परिवार को धन्यवाद हर ख़ुशी और उपलब्धि में मेरे साथ शामिल होकर Celebrate करने के लिए, क्योंकि जब सफलता साथ हो और परिवार भी उस सफलता के जश्न को मनाने के लिए साथ हो तो आप सबसे सफल व्यक्ति है।

मैं धन्यवाद देना चाहती हूँ अपने सारे readers, subscribers, followers, को जिन्होंने मेरा हमेशा हौसला तो बढ़ाया ही पर साथ ही साथ मुझे बहुत प्यार सम्मान भी दिया और मेरी Teachings को दिल से अपनाया जिस वज़ह से मुझे इस Book को आप सबके लिए लिखने की ज़िम्मेदारी महसूस

हुई। आपके ढेर सारे प्यार और सम्मान का दिल से सम्मान और धन्यवाद।

मैं धन्यवाद देना चाहती हूँ हर दोस्त को, जिन्होंने हमेशा मेरा साथ दिया और हमेशा से साथ है, वक़्त की limitation की वज़ह से या फिर अपने purpose को serve करने के रास्ते में कभी वक़्त नहीं मिलता पर दिल में हर दोस्त को याद भी रखती हूँ और धन्यवाद भी देती हूँ दिल से।

मैं धन्यवाद देना चाहती हूँ मेरी पूरी team को जिसमे सबसे पहले सोनाली पनवलकर मेरी Manager ने मेरे साथ ये सफ़र शुरू किया और बहुत साथ भी दिया, सबसे ज़्यादा मेरे Bossy Temperament को सहन भी किया, Good Job सोनाली।

जब सफलता साथ होती है तो ज़िम्मेदारियां भी बढ़ती है जो की मैं अपनी Strong Team के बगैर नहीं संभाल पाती और आप lucky है जब आपकी Strong Team घर के ही बच्चे है जो अपने आप में Skillful और Experienced भी है और Busy भी और बुआ के काम को बेहतर संभाल पा रहे है क्योंकि serve करना हमारे परिवार में मेरे माता पिता की परवरिश है जिस वज़ह से Happiness center को सँभालने की ज़िम्मेदारी मेरे भाई जीतेन्द्र ने ली और बहुत ही बेहतर तरीके से संभाल पा रहे है, जिस वज़ह से मैं मुंबई में रहकर अपनी और भी ज़िम्मेदारियां निभा पाती हूँ।

मैं धन्यवाद देना चाहती हूँ मेरे Core Team Members सोनाली और मेरे परिवार के चार चिरागों को जो की अब Team बन चुके है, बड़े भैया के बेटे अभिषेक, बेटी आयुषी और

उनके पति हर्षित, मेरे मार्गदर्शक भाई धीरेन्द्र और उनकी पत्नी गीता भाभी के बेटे प्रवेश और बेटी प्रियांशा को, जो अपनी-अपनी Field के Masters है जिस वज़ह से मुझे मेरे काम में बहुत मदद मिलती है और क्योंकि घर के बच्चे है तो Bossy Temperament को आसानी से संभाल पाते है, जानते है बुआ ऐसी ही है।

बचपन से देखा है उन्होंने मुझे और साथ ही साथ मेरी ज़िन्दगी के Principles, Ethics जो उनमे भी है इसलिए काम को लेकर ज़्यादा समझाने की ज़रूरत नहीं पड़ती पहले से ही Trained है तो कई बार वक़्त आने पर कई फैसले काम को लेकर बेहतर तरीके से मुझसे पूछे बगैर भी कर पाते है। Thank You so much और ढेर सारे आशीर्वाद अपने Purpose को हमेशा Serve करो और आगे बढ़ो। Thank You बेमिसाल Team.

Anjana Army को कैसे भूल सकती हूँ जो की अब मेरी टीम के साथ-साथ मिशन का हिस्सा भी बन चुकी है और मुझे बहुत गर्व है Anjana Army के हर Members पर जिन्होंने मेरे Mission को ठीक से समझा, अपनाया और उसी रास्ते पर अपने Unique अंदाज़ में आगे बढ़ रहे है। आप सबका बहुत-बहुत धन्यवाद। एक दिन Anjana Army के Soldiers हर देश और हर शहर में रहकर अपने अंदाज़ में इस World में Contribute कर रहे होंगे।

मैं धन्यवाद देती हूँ हर व्यक्ति को, हर Event को, परिवार के हर सदस्य को हर दोस्त को जिन्होंने अपने-अपने तरीके से contribute किया है मेरे जीवन में, क्योंकि आज मैं जो भी हूँ हर किसी का Contribution है चाहे किसी ने Appreciate

किया हो या Contrast दिया हो। सब ज़रूरी था यही सबसे बड़ी सीख है जो मुझे मिली मेरे इस सफ़र में और आज मेरे इस मुकाम तक पहुँचने में।

मेरे बेटे सुहैल खान को अब सब जानते है, कुछ रिश्ते ऊपर वाला इस धरती पर बनाता है कई बड़े purpose serve करने के लिए, soul connection है मेरा मेरे बेटे से बस universe की unfoldings का इंतज़ार है इस प्यारे से रिश्ते को बनाने का higher purpose क्या है, जिस से purpose को serve किया जा सके। दिल से धन्यवाद सुहैल, तुम बेटे तो हो ही पर इतने अच्छे इंसान हो कि इंसानियत और रिश्तों को निभाना कोई तुमसे सीखे। मानवता के कई गुर मैं तुमसे सीखती हूँ।

"40 से 40 करोड़ "से अब तक के सफ़र में एक बेटा कुंदन हिमाचल प्रदेश में मिला, उसने कहा बेटा बना लो मैंने बना लिया, क्यों? इसका जवाब तो ब्रह्माण्ड ही देगा वक़्त आने पर, पर परिवार बढ़ता जा रहा है मेरा, क्योंकि मेरा Higher Purpose तो Mother Teresa जैसा बनना ही है, निस्वार्थ भाव से बहुत कुछ करना है। माँ की Blessings में बहुत ताकत होती है और मैं चाहती हूँ ज़्यादा से ज़्यादा आशीर्वाद देकर कई बच्चों को सही राह और सही ज़िन्दगी दे सकूँ क्योंकि जन्म तो कोई भी दे सकता है सही शिक्षा देकर सही रास्ते पर लाना और ज़िन्दगी देना तो माँ ही कर सकती है।

Last but not the least सबसे बड़ी team, सबसे बड़ा support, मेरी advisor मेरी legacy को आगे बढ़ाने के लिए Best candidate. मेरी ही परछाई जो मेरे पीछे और आगे नहीं चलती पर साथ में चलती है, साथ में रहती है, साथ में बड़े-बड़े सपने देखती है और मेरे कई सपनो को पूरा करने में मेरा

पूरा साथ देती है। उसका निस्वार्थ होना ही उसे भीड़ से अलग करता है।

07 साल की थी आज 17 साल की है 10 वर्षों का मेरा ये सफ़र इतना आसान और सफल हो ही नहीं सकता था, 17 साल की उम्र में बेटी का धैर्य, मानवता, माफ़ करने की क्षमता, निस्वार्थ होकर हर किसी को बराबर का हक़ देना, छोटे और बड़े की कोई भावना नहीं, कोई ईर्ष्या नहीं, कोई द्वेष नहीं जैसी unique quality वाली बेटी जिसका नाम भी unique है मेरी बेटी Apple के लिए धन्यवाद, इस Book के माध्यम से ही नहीं बल्कि हर दिन हर पल मेरे जेहन और जुबान पर होता है।

इस सफलता के सफ़र में कई महिलाओं और युवा लड़कियों ने कहा "हमें Apple जैसे बेटी चाहिए" ने माँ का सर गर्व से उठा दिया मेरी परवरिश को सम्मान दिला रही है ये बेटी और आज मेरा गर्व है। हर माँ को Blessings देना चाहूंगी कि Apple जैसी बेटी ज़रूर मिले ज़िन्दगी अपने आप ही खूबसूरत हो जायेगी।

"करोड़ों की बातें"

नमस्कार दोस्तों,

मेरी पहली Book "40 से 40 करोड़" जिसको आप सब ने बहुत सराहा, अपनों को बताया और मेरे Students ने इस Book को कई ज़रूरतमंद परिवारों को Gift में भी पहुँचाया, 40 से 40 करोड़ Book 27th जून 2020 में Publish हुई थी, इन दो वर्षो में मेरी और मेरे अपने Readers की ज़िन्दगी काफ़ी बदल चुकी, इस हद तक बदली है कि आज "करोड़ों की बातें" एक Brand बन चुका है।

मैंने अपनी पहली Book के introduction में बताया था "45 वे वर्ष में Retirement वाली ज़िन्दगी के सुख ले रही हूँ और 40 करोड़ रुपये मेरी बैंक में हो ऐसी ज़िन्दगी का अनुभव मेरी ज़िन्दगी का एहसास बन गया है" और दोस्तों आज लगभग दो वर्ष हो गए और आज जब अपनी दूसरी Book आपके लिए लिख रही हूँ फिर यही बात कहना चाहूंगी की अपने 47 वे वर्ष में भी 40 करोड़ रुपए मेरी बैंक में जमा हो ऐसे ही सुख का अनुभव अब मेरी ज़िन्दगी बन गया है।

समाज और परिवार ने हमें सिखाया "सुख दुःख का नाम ही जीवन" है पर अपने निजी अनुभव से मैंने आपको बताया कि जब सारी खुशियाँ और सुख आपकी झोली में हो वही सही

जीवन है और सही और खुशहाल जीवन के लिए हमारी आदतें सही हो और बातें सही हो।

यही इस Book का और मेरी ज़िन्दगी का सार है और आप सब को बताना मेरी ज़िम्मेदारी।

"40 से 40 करोड़" मेरी पहली Book जिसने न केवल मेरी ज़िन्दगी बदली बल्कि मेरे साथ-साथ कई परिवारों की ज़िन्दगी बदली, तो "40 से 40 करोड़" की Author अगर आपसे "करोड़ों की बातें" नहीं करेगी तो सफ़र पूरा कैसे होगा?

तो चलिए एक बार फिर आपको ले चलती हूँ इस नए सफ़र पर जहाँ हम करोड़ों की बातें करेंगे क्योंकि जब तक आप करोड़ों की बातें नहीं करेंगे करोड़ों आएंगे कैसे?

दोस्तों year 2020 में जब मैंने पहली Book लिखी थी तब भी मैंने इस बात का ज़िक्र किया था कि 40 करोड़ रूपये मेरी बैंक में हो इस तरह की खुशियाँ मेरी ज़िन्दगी में है और मैं ऐसी ही ज़िन्दगी ज़ी रही हूँ, तब कई Readers ने मुझसे ये सवाल किया-क्या आपकी बैंक में 40 करोड़ आ गए?

तो इस बात के जवाब में, मैं अपने अनुभव से ये बताना चाहूंगी कि 40 करोड़ बैंक में है या नहीं ये मायने नहीं रखता, जब आप ब्रह्माण्ड की भाषा समझ जाते है तो ज़िन्दगी में 40 करोड़ हो ऐसे सारे सुख आपके जीवन में आ जाते है, ज़िन्दगी में इतनी Abundance आ जाती है ज़िन्दगी इतनी prosperous हो जाती है कि फिर आप Bank Balance नहीं देखते बल्कि अपनी ज़िन्दगी को देखकर ब्रह्माण्ड को दिल से धन्यवाद दे रहे होते है जैसे कि मैं।

आज जब पीछे पलट कर देखती हूँ तो ये तीन वर्षा का समय वाक़ई में एक कामयाबी की यात्रा थी मेरे लिए, जिस पर मैं अभी भी चल रही हूँ और यही लगता है कि जैसे ब्रह्माण्ड से मेरी Deal हो गयी हो "खुशियों और सफलता" की।

पर जब भी यही सवाल मैं ब्रह्माण्ड से करती हूँ कि कब मिलेंगे 40 करोड़ रुपये तो जवाब में ब्रह्माण्ड से आवाज़ आयी कि तुम्हे अपना Bank Balance क्यों देखना है?

40 करोड़ रुपये तुम्हारी Bank में होते तो तुम क्या करना चाहती, मैंने कहा मैं Oldage Home खोलना चाहती थी, यूनिवर्स से जवाब मिला-तुमने कर तो लिया-Anjana's Happiness centre नाम है उसका इंदौर में।

मैंने फिर कहा मैं चाहती थी की मैं और मेरी बेटी जब भी जो भी खाना चाहते है खा सके, यूनिवर्स ने कहा वही तो करती हो तुम, और मैंने भी नोटिस किया मैं और मेरी बेटी जब भी जैसे भी जहाँ से भी जो भी खाना चाहते है हम खा पाते है, शरीर भी साथ देता है और Bank Balance भी।

मैंने फिर कहा मैं सबकी मदद करना चाहती हूँ यूनिवर्स ने कहा ज़रा अपना Schedule Check करो तुम वही करती हो कभी पैसे से कभी ज्ञान से, तुम्हारा life purpose ही वही है और तुम बहुत अच्छे से कर पा रही हो।

मैंने कहा मैं अपनी बेटी का Birthday Hollywood जाकर Celebrate करना चाहती हूँ, तुमने वही किया अपनी बेटी का 16th birthday Hollywood में और 17th Birthday Dubai में मनाया और न केवल अपनी बेटी के साथ, बल्कि तुमने Sponsor की थी ये Trip अपने पापा को, बेटी को, भतीजी को, मैनेजर को, दोस्त को। यही सब तो तुम चाहती थी न अपने 40 करोड़ के खर्च की list अनुसार।

40 crore होते तब भी तुम यही करती और ब्रह्माण्ड ने फिर मुझसे एक सवाल किया बताओ पिछले दो वर्षों में ऐसा कौनसा काम है जो तुम नहीं कर पायी, जो तुम चाहती हो वही तो कर रही हो। मैं चुप थी और सिर्फ़ मुस्कुरा रही थी, "जब मैं अपने ब्रह्माण्ड से बात कर रही थी"।

शायद उन Readers को मैं समझा पायी हूँ कि 40 करोड़ मैंने कमाए या नहीं पर अब इस बैंक Balance को देखने की ज़रूरत ही नहीं क्योंकि सबसे बड़ी बात है कि खुशियाँ मेरी ज़िन्दगी में 40 करोड़ से भी ज़्यादा की है।

कहने का मतलब है दोस्तों 40 करोड़ मेरी Bank में होते तो मैं बिना Bank Balance देखे जहाँ ख़र्चा करना चाहती मैं करती और मैं वही कर रही हूँ, तो क्यों न बताऊँ दुनिया को कि बहुत बड़ा बदलाव आया है मेरे जीवन में 40 से 40 करोड़ का, अपनी सोच बदलकर।

पैसे से सही रिश्ता बनाकर आज मैं और मेरी बेटी वही ज़िन्दगी जी रहे है जो जीना चाहते थे और मैं जो करना चाहती थी आज अपने परिवार, दोस्तों और जो ज़रूरतमंद है उनके लिए मैं कर पा रही हूँ।

सबसे बड़ी सीख इस बात से देना चाहती हूँ कि आपकी Current reality का Bank Balance कभी मत देखिये और देखना है तो ये देखिए Cosmic Bank में कितना पैसा है आपके पास, और Cosmic Bank में उतना ही पैसा है जितना आप Mentally Deposit करते है। दोस्तों ये मैं नहीं कह रही, **"ये Economics है जब demand आती है तो supply भी आती है"।**

आप Demand कीजिये Bank Balance कितना भी हो, supply आएगी और लगातार आएगी, सारे सपने भी पूरे होंगे सिर्फ़ सोचने भर कि देर है। जैसे मेरे सपने पूरे हुए, हो रहे है वैसे ही आपके भी होंगे।

Introduction

दोस्तों लगभग एक वर्ष से भी ज़्यादा समय हो चूका है मुझे आप सबके साथ "करोड़ों की बातें" करते हुए, "करोड़ों कि बातें" webinar में। जहाँ मैं आप सबको अपना तीन वर्षों का अनुभव, तीन वर्षों का पूरा ज्ञान बताती हूँ पर कल रात को अचानक ख़्याल आया, अब जब मेरा YouTube परिवार 31,000 से भी अधिक सदस्यों का हो गया है तो क्यों न लिख ही दी जाए ये "करोड़ों की बातें" मेरी "Financial Bible" आप सबके लिए।

आप सब जानते है एक Webinar जो की अब worldwide जाना जा चूका है और घर-घर तक पहुँच चूका है जिसका नाम है "करोड़ों की बातें" ऐसे तो अपने इन तीन वर्षों के ज्ञान को आप सबके साथ शेयर करने के लिए मैं अलग-अलग विषय पर Webinar conduct करती हूँ पर करोड़ों की बातें हर घर तक, देश विदेश तक पहुँच चूका है और कई ज़िन्दगियों को बदल चुका है और कई परिवार इस Webinar से मिली Teachings से लाभ उठा रहे है।

तो ऐसा लगा फिर क्यों न इसे Book के माध्यम से हमेशा-हमेशा के लिए आपके घरों और हाथों तक पहुँचा दिया जाए जिस से आप न केवल अपनी ज़िन्दगी बल्कि इसे किसी ज़रूरतमंद को देकर उसके जीवन में भी योगदान करके उसकी भी ज़िन्दगी बदल सकते है।

सबसे पहले मैं उन सभी Readers को धन्यवाद देना चाहूंगी जिन्होंने मेरी पहली Book को सराहा, अपनाया और कई परिवारों तक पहुँचाया भी एक उपहार के रूप में।

"40 से 40 करोड़" मेरी पहली Book एक "Law of Attraction" पर ही आधारित Book नहीं थी बल्कि मेरे अनुभव से सींची गयी एक "Overall Well-being' के लिए लिखी गयी एक Bible थी।

बस उसी तरह "करोड़ों की बातें" आपके "Financial Well-being" के लिए लिखी जा रही एक "Financial Bible" है जिसे पढ़कर और अपनाकर आप अपनी Financial Health को Achieve कर सकते है और वह भी बहुत ही आसानी से। क्योंकि गरीबी, लाचारी और किसी भी तरह की मजबूरी एक बीमारी है उसे ठीक करना हमारी ही ज़िम्मेदारी है।

चलिए आपकी उत्सुकता को देखकर बिना देर किये शुरू करते है, "करोड़ों की बातें" आपके साथ। जिन्होंने "करोड़ों की बातें" Webinar एक बार या उस से भी ज़्यादा बार Attend किया है, तो ये आपके लिए एक Rivision भी है और एक Bible भी जिस की मदद से आप अपने साथ-साथ अपनों की भी मदद कर सकते है उनकी भी ज़िन्दगी में एक बेहतर परिवर्तन लाने में।

Section 1

कुछ ज़रूरी बातें

"एक सवाल है- कौन बनेगा करोड़पति?
एक ही जवाब है- जो करेगा "करोड़ों की बातें"

जी हाँ दोस्तों मेरी ज़िन्दगी का सबसे बड़ा सच और Secret भी- "बातें सिर्फ़ बातें"। अगर आप नए है और मुझे नहीं जानते तो मैं आपको सबसे पहले एक राय देना चाहूंगी कि एक बार मेरी लिखी पहली Book "40 से 40 करोड़" ज़रूर पढ़े तब आपको ये समझना बहुत आसान रहेगा।

क्योंकि 40 रूपये से 40 करोड़ मेरी ज़िन्दगी का सार है, मेरी यात्रा है जिसे मैंने 2019 से शुरू किया था और 40 से 40 करोड़ की यात्रा का सार मेरी बातों में है जो मैं अब आपसे करूँगी, "करोड़ों की बातें" मे।

क्योंकि ये बहुत ही Strong और Powerful secret है कि करोड़ों के Bank Balance के लिए पहले हमें वैसी बातें करनी होती है, कहते है न, "जब तक बड़ी-बड़ी बातें नहीं करेंगे, बड़े बनेंगे कैसे"?

40 से 40 करोड़ मेरी पहली Book जिसमें मैंने बताया कि किस तरह एक दिन 40 rupees के Bank Balance वाली

ज़िन्दगी से अब मैं वह ज़िन्दगी जी पा रही हूँ जैसे मेरी बैंक में 40 करोड़ रुपये हो और ये यात्रा बड़ी दिलचस्प है जब आप जानेगे की "करोड़ों की बातें" करते-करते ही मैंने अपनी ज़िन्दगी में Financial Freedom पायी है जहाँ मुझे अब ख़र्च करने से पहले Bank Balance देखना ही नहीं पड़ता क्योंकि मैं 40 करोड़ का Bank Balance देख पा रही हूँ अपनी Cosmis Bank में।

"करोड़ों की बातें" करने का और लिखने का पूरा हक़ है मुझे क्योंकि 26 rupess का, तो कभी 44 rupees का और कभी 100 rupees का Bank Balance से आज लाखों का Bank Balance और करोड़ों की खुशियों से भरी करोड़ों वाली ज़िन्दगी मैंने स्वयं Create की है मेरे लिए और अगर मैं Create कर सकती हूँ तो आप इन्हीं बातों को करते हुए आगे बढिये और बनाइये अपना मन चाहा Bank Balance और ज़िंदगी अपने मन की।

07-06-21 UPI/115821293714/21:20:08/UPI/pa	200.00	26.16Cr
31-07-20 FORTAP-MUMBAI/UPI/021311377085/1	75.88	44.43Cr
	2,000.00	2,044.43Cr
27-04-20 UPI/011808846307/19:12:25/UPI/pa	258.00	100.18Cr

क्योंकि बहुत ही confidence है मुझे इस बात को कहने में कि हम सब इस धरती पर सिर्फ़ खुशियाँ लेने आये है, संघर्ष करने नहीं और अगर ज़िन्दगी में किसी भी तरह का संघर्ष है तो हम कुछ गलती कर रहे है, शायद हम ब्रह्माण्ड के बनाये नियम से नहीं चल रहे या सोच में कुछ खोट है।

तो दोस्तों इस Book को बहुत ही Open Mind से पढ़ें, एक नए Perspective से इस पैसे की Chemistry को देखने

की और समझने की कोशिश करें क्योंकि अगर आप जो भी सोच रहे है पैसे को लेकर या जो भी Practical या Logical steps ले रहे है पैसे को लेकर अगर वह आपके लिए काम कर रही है इसका मतलब आप सही कर रहे है।

पर अगर ये Book हाथ में ली है मतलब कुछ और जानना है और पाना है तो फिर सही ग़लत Logical Illogical के फेर में न पड़े, सिर्फ पढ़े अपनाएँ और बदलाव देखे ज़िन्दगी में भी और पैसे में भी।

मैंने भी वही किया था और अभी भी करती हूँ।

बस इन्हीं कुछ ज़रूरी बातों को ध्यान में रखते हुए कीजिये "करोड़ों की बातें"।

चलिए शुरू करते है मेरी जैसी ज़िन्दगी जिसे मैं कहती हूँ "करोड़ों की यात्रा" जो मैं कर पायी "करोड़ों की बातों" से।

Chapter 2

करोड़ों की बातें

**"पैसों पर focus करेंगे तो वह limit से आएगा,
सीखने पर focus करेंगे तो unlimited आएगा।"**

"Learning is Earning" जी हाँ दोस्तों सीखने से ही शुरू हुई थी मेरी Financial Freedom की यात्रा "करोड़ों की बातें" Webinar जो 19th june 2021 को मैंने पहली बार Conduct किया था।

जो सबसे पहली सोच या Impulse कह ले वह ये थी कि "करोड़ों की बातें" करनी है हमें, क्योंकि कभी किसी ने "करोड़ों की बातें" करना सिखाया ही नहीं और जब तक करोड़ों की बातें नहीं करेंगे करोड़ों आएंगें कैसे?

दोस्तों हम जब छोटे होते है तब बड़े सपने देखते है पर बड़े होने के बाद छोटे सपने हमारी ज़िंदगी में जगह बना लेते है, क्योंकि हमारे आसपास के माहौल ने, परिवार ने, दोस्तों ने, हमारे बड़े सपनो का मज़ाक बनाना शुरू कर दिया था।

जब हम बच्चे थे तो बड़ी-बड़ी बातें करते थे पर जैसे-जैसे हम बड़े होते गए हमारे बड़े सपने कब छोटे हो गए कभी एहसास ही नहीं हुआ। कभी यक़ीन नहीं दिलाया किसी ने कि ये संभव है, तुम कर सकते हो।

पर मैं ये कहना चाहती हूँ सबसे, कि आप कर सकते हो, बड़े सपने देखने का आपको हक़ भी है और उन्हें पूरा करने की सम्भावना भी क्योंकि मेरे वह सारे सपने पूरे हुए जो कभी मेरे लिए भी बड़े हुआ करते थे।

बस इसी सोच से उपजे हुए बीज को बो कर मैंने "करोड़ों की बातें" Webinar के रूप में आशा का पेड़ लगाया और आज यही "करोड़ों की बातों" का पेड़ कई घरों में लग चुका है इस पूरे एक वर्ष में और कई परिवारों को फल दे रहा है नयी और सही सोच का लगाया गया पेड़।

बस इस पेड़ का एक बीज आज आपके हाथों में है इस Book के रूप में।

कहते है न पैसे के लिए इंसानी तिकड़म न लगाए सिर्फ़ पैसे की Frequency बनाये। पैसा अपने आप आने का रास्ता बना ही लेगा कुछ ऐसा ही हुआ था मेरे साथ भी।

Year 2019 से मैंने Abraham Hicks की Teachings को Follow करना शुरू किया और हर वह Tools और Techniques का सहारा लिया जो मुझे एक सही Mindset दे सकता था, एक Positive Mindset अपनी Dream life के लिए।

Gerrain Jones से कहते सुना था एक Video में " Change your Mindset Change your life ' ज़िन्दगी की हर परिस्थिति को मनचाही स्थिति में आप बदल संकते है अगर आपका उस परिस्थिति को लेकर Mindset सही हो, सोच सही हो और उसको देखने का नज़रिया सही हो।

Abraham Hicks की Teachings को Follow करते हुए ज़िन्दगी में तो बदलाव आ ही रहे थे पर अब मैंने पैसे को

लेकर भी अपना Mindset Change करना शुरू कर दिया था और मेरी Financial Situation में मैंने बदलाव देखने भी शुरू कर दिए थे।

सबसे पहला सबसे बड़ा बदलाव था जब मैंने अपने 45th birthday पर पहली International Trip Plan की और बहुत ही बेहतर तरीके से पैसे को अच्छी frequency देकर उसके सही इस्तेमाल को सीखा।

और अब अपने Universe से और पैसे से ऐसा रिश्ता बनाया की Diary में खर्च लिखती हूँ और उतना या उस से भी ज़्यादा पैसा मेरे पास आने का रास्ता बना ही लेता है।

वाक़ई एक सिलसिला शुरू हो गया था करोड़ों की लाइफ स्टाइल का, जैसे ही मैंने करोड़ों के खर्चों की List बनाई और List बनाने के साथ ही जो सबसे बड़ी सूचना आयी मेरे पास Quantum Field से उसी List को साकार करने के लिए वह information मेरी सोच से बिलकुल परे थी।

जैसे ही मैंने लिखे थे अपनी Diary में 40 करोड़ के ख़र्च, universe ने दिया मुझे एक Title Meditation में "40 से 40 करोड़, Lockdown के वो 40 दिन"।

सबसे बड़ा Access Quantum field से उस information का जिस से मैं अपनी Desired life को आसानी से पा सकती थी, और जो ब्रह्माण्ड का नियम है, Law of Attraction word से Attr "Action" मैंने लिया।

अपनी Impulse पर Action, Book लिखने का और नतीजा आप सबके सामने है।

बुक पब्लिश के बाद Universe ने एक बार फिर करवाई मुझसे "करोड़ों की बातें" Launch, एक Webinar के रूप में, और पैसे का रास्ता खुल गया मेरे लिए भी और कई परिवारों के लिए इस एक webinar से।

अब ये तो समझ आ गया मुझे कि न ही मैं करोड़ों के खर्चों की लिस्ट बनाती, ना ही ये सिलसिला शुरू होता।

कई बार कई Students और मेरे Youtube के Subscribers और जो Webinar में Participants आते है मुझे कहते है कि उन्हें मेरे जैसा बनना है तो मैं उन्हें कहती हूँ जो मैं करती हूँ वह कीजिये।

थोड़ा-सा Gratitude, 15 minutes Meditation, पढ़िए कुछ अच्छी किताबें और शुरू कीजिये अपने हाथों से अपनी क़िस्मत लिखने की आदत।

हमें बताया गया है **"किस्मत हाथों में होती है पर मैं कहती हूँ क़िस्मत हाथो में नहीं होती, हाथों से होती है जब आप अपने हाथों से क़लम पकड़कर ख़ुद लिखते है"** अपनी किस्मत।

कितना कुछ लिखा है मैंने इन तीन वर्षों में अपनी Diaries में, अपने हाथों से अपनी क़िस्मत लिखी है मैंने और पहले भी मैंने कहा है कि जब कभी मिलेंगे सारी Diaries आपके साथ शेयर करूँगी, कई बार मैंने शेयर किया भी कई YouTube videos में।

कहने का मतलब है जैसा सोचेंगे, जिसके जैसा करेंगे वैसे हो ही जाएंगे, ये बहुत ही बड़ा साइंस है Vibrations और

Frequency का, इसलिए दोस्त बनाते समय और अपनी संगत चुनते समय बहुत ही ध्यान रखिये किसके साथ बैठ रहे है, किसे सुन रहे है और आप क्या बन रहे है।

न चाहते हुए भी आपका Brain वही बातें करेगा जो आपने कई बार सुनी है, देखी है, समझी है, मैं तो बस यही कहूँगी "Pay Attention कि कहाँ है आपकी Attention?

"Attention is Attraction"

कहते है "When you are siting with five Millionaires you are the sixth one, when you are siting with five idiots you are the sixth one"

तो पैसे वाला होने के लिए पैसे वालों के साथ बैठे उनकी सोच को समझे और उनकी आदतों को अपनाये तो हम भी पैसे वाले हो ही जाएंगे पर अगर हम पैसे नहीं है कहकर वही frequency को Attention देंगे तो पैसे नहीं होंगे वाली स्थिति ही बनाएंगे। ये बहुत ही सीधा और सरल-सा ब्रह्माण्ड का नियम है।

मेरे साथ पैसों की Frequency को बढ़ाने में मेरे गुरूजी की सीख बहुत ही काम आयी, मैंने कभी कोई Wealth और Money Workshop तो नहीं किया पर मैंने गुरूजी को सुना, समझा और सीखा उनकी बातों से और उनकी आदतों से।

जो की किसी बड़ी Workshop से कम नहीं है आज उन्ही की दी हुई सीख से ही यहाँ तक पहुँची हूँ और आज उनके आशीर्वाद से सिखाने के योग्य भी बनी।

चलिए आज इस Book के माध्यम से मैं आपको एक बार फिर मिलवाती हूँ अपने गुरूजी से और सिखाती हूँ उनकी ही सिखाई हुई सीख।

Chapter 3

गुरूजी की सीख:

"दृष्टि बदली सृष्टि बदली"

जिन्होंने मेरी पहली Book पढ़ी है आप सब जानते है मैंने अपने गुरूजी का ज़िक्र किया है और उन्हें धन्यवाद भी दिया है और आज भी इस Book के माध्यम से एक बार फिर उनको और उनकी दी हुई शिक्षा और सीख को शत-शत प्रणाम।

आज मैं आपको पहले गुरूजी के बारे में बताना चाहूंगी कि किस तरह उनकी सोच और सीख से मेरी दृष्टि बदली और जब **"दृष्टी बदली तो मेरी सृष्टी भी बदली"।**

दोस्तों कई बार आपको अपनी आदतें बदलने के लिए सही संगत में बैठना और उनके साथ वक़्त बिताना बहुत ज़रूरी होता है जिस से आप उनकी सोच को समझ सकें और उनकी समझ से कुछ सीख सकें।

मेरे गुरूजी जो मेरे पिता के समान है, उन्होंने दस साल पहले मुझे अपनी बेटी कहा था और आज मुझे देखकर गुरूजी गर्व से दुनिया को बताते है कि ये है मेरी बेटी क्योंकि आज उन्हें बहुत ख़ुशी होती है जब मैं उनके बताये हुए क़दमों पर चल पा रही हूँ और जिस तरह उन्होंने अपने आशीर्वाद से कई ज़िंदगियाँ

बदली उसी तरह वह मुझे और मेरे काम को देखकर बहुत खुश होते है और आशीर्वाद देते है, जब मैं उन्ही के दिए आशीर्वाद को आगे बढ़ाती हूँ कई ज़िन्दगियों को बेहतर बनाने की कोशिश करती हूँ, "मेरी छोटी-सी कोशिश बड़े बदलाव के लिए"।

दोस्तों मैं जब भी गुरूजी से मिलने जाती थी या जब भी वक़्त मिलता उनके परिवार के साथ बैठने का, उनके बच्चो के साथ उनका व्यवहार देखती और कई बार जब भी मैं उन्हें कुछ सामान लेते देखती, मै उन्हें Observe भी करती थी और उनकी आदतों को Absorb भी करती और कब गुरूजी के क़दमों पर चलने लगी पता ही नहीं चला।

इसी को कहते है Gradual Process आपकी तरक्की की। आपकी ज़िन्दगी में अपने आप ही परिवर्तन आने लगते है, कोई बड़ा Plan नहीं कोई बड़ी कोशिश नहीं सिर्फ़ सही संगती आपको सही रास्ते पर लेकर आ ही जाती है।

वैसे तो गुरूजी अपने आप में ज्ञान का भण्डार है और आज मैं जो कुछ भी हूँ उनकी समय-समय पर जो सीख मिली जीवन के बारे में बस वही अपनाती गयी और मेरे बंद रास्ते खुले तो खुलते चले गए, इसलिए कहते है न जीवन में गुरु का होना बहुत ज़रूरी है।

कबीर जी ने कहा है-

"गुरु बिन ज्ञान न उपजै, गुरु बिन मिलै न मोष। गुरु बिन लखै न सत्य को गुरु बिन मैटैं न दोष॥"

बस मैं भी अपनी ज़िन्दगी में आये बदलाव का श्रेय अपने माता पिता अपने Mentors और गुरूजी को देना चाहूंगी

जैस जैसे मेरी learnings बढ़ती गयी वैसे-वैसे मेरी Earnings भी बढ़ती गयी और पटरी से उतरी ज़िन्दगी की गाडी फिर एक बार पटरी पर आ गयी।

दोस्तों वैसे तो बहुत कुछ सीखा है मैंने अपने गुरूजी से पर "करोड़ों की बातें" कर रहे है तो यहाँ में आपके साथ वह सारी सीख और समझ Share करुँगी जो मुझे गुरूजी से मिली पैसे को लेकर और जिन्हे अपनाकर मैं अपनी आर्थिक स्थिति में बहुत बदलाव ला पायी हूँ।

दोस्तों पैसा होना और पैसे का बढ़ना आपके जीवन में Frequency का ही योगदान है, कभी भी अपनी पैसे को लेकर Frequency और अपने Emotions Disturb न हो इस बात का ख़्याल रखे, क्योंकि ये सिलसिला एक बार शुरू हो जाता है तो थमता नहीं, अच्छी Frequency से जो अच्छा Momentum बनता है वह आपकी हर Desire पूरी करेगा वही Momentun बिगड़ा या Frequency बिगड़ी तो बनी बनाई स्थितिया बिगड़ने में वक़्त नहीं लगेगा।

करोड़ों कैसे कमाना है आपको आता है या नहीं, ये मायने नहीं रखता पर करोड़ों की Frequency बनाये रखना आता है तो पैसा आपके पास आएगा ही, यही सच है और ये सच कई पैसेवालों को पता है जिन्हे पता है कि कैसे Create करते है Wealth और यही सीखा मैंने भी अपने गुरूजी से, जिसे में आपके साथ शेयर कर रही हूँ।

A) गुरूजी की पहली सीख:- मोल भाव न करें।

**"चार पैसे का discount आपको अमीर नहीं बनाता,
चार पैसे ज़्यादा ख़र्च करके 40 बनाना ही असली खज़ाना है"**

एक बार मैं गुरूजी के साथ Shopping करने गयी मैंने देखा गुरूजी बहुत ही Attitude के साथ सब्जी वाले से बात कर रहे थे उन्होंने बिना मोल भाव किये कुछ सब्जियाँ और फल pack करने को कहा और मैं ध्यान से उन्हें Observe कर रही थी कि Vendor बहुत ही ध्यान से देखकर अच्छी सब्जियाँ और फल pack कर रहा है, जब मैंने गुरूजी से सवाल किया कि आपने उनको पैसा कम करने को नहीं कहा, क्योंकि हमने तो यही सीखा है मम्मी से पैसे कम करवाना यानी Bargaining एक कला है, मुझे तो ये नज़ारा गवारा ही नहीं था कि गुरूजी ने न तो मोल पूछा न भाव, सीधे pack करने को कहा।

मेरी जिज्ञासा देखकर गुरूजी ने समझाया- बेटी मेहनत और मज़दूरी करने वालों से कभी उनकी क़ीमत कम करने को मत कहना, 10 से 20 प्रतिशत ज़्यादा कमाना उनका हक़ है, उनका पूरा हक़ उन्हें मिलना ही चाहिए और जब आप उनसे मोल भाव नहीं करते तब उनके दिल में आपके लिए सम्मान पैदा होता है क्योंकि आप उनकी मेहनत का सम्मान कर रहे हैं और उसी सम्मान की वज़ह से वह न केवल तुम्हे अच्छी Quality का सामान देंगें बल्कि फिर ज़रूर आइयेगा कहकर आपको अच्छी Energy और Blessings भी देंगे।

मैं सीख रही थी और पैसे की इस Chemistry को गुरूजी की नज़रों से समझ भी रही थी।

दोस्तों जब हम "करोड़ों की बातें" कर रहे है तो हमें समझना होगा करोड़पति या पैसे वाले लोगों का क्या व्यवहार है, उनकी क्या बातें और क्या आदतें है वह भी सीखे। तब ही हम उनके जैसी Frequency में आ पाएंगे और जब Frequency बदलेगी तो आर्थिक स्थिति भी बदलेगी।

मैंने फिर नोटिस किया पैसे वाले लोग जो वाकई में एक Benchmark बना चुके है सफलता का, उनके पास मोल भाव का वक़्त ही कहाँ होता है? जितनी देर में वह मोल भाव करके चार पैसा बचाएंगे उतनी देर में वह उससे दोगुना पैसा कमा सकते है।

यहाँ पैसे की नहीं वक़्त की क़ीमत है। पैसा आपके वक़्त को भी कीमती बना देता है और फिर आप पैसा ख़र्च करते समय नहीं सोचते बल्कि वक़्त कहाँ ख़र्च हो रहा है वह सोचते है और सोच समझकर ही वक़्त को ख़र्च करते है।

ये है पैसे वाली सोच और उनकी सफलता का एक Secret. दोस्तों आज ये सारी सीख मैं अपने अनुभव की बुनियाद पर शेयर कर रही हूँ क्योंकि मैंने पिछले तीन वर्षों में मोल भाव करना छोड़ दिया और मेरे वक़्त की क़ीमत वह हजारों Participants जानते है जिन्होंने "करोड़ों की बातें" Webinar कभी Attend किया है "Value बढ़ चुकी है मेरी भी और मेरे वक़्त की भी।"

सच कहूँ तो इतना आसान नहीं था मेरे लिए ये आदत छोड़ना क्योंकि अच्छे से Bargaining करना तो मम्मी ने इतना

सिखाया था कि 500 की वस्तु 250 rupess में जब तक न करवा लूँ, काउंटर नहीं छोड़ती थी दूकानदार का, पर हुआ क्या करोड़पति तो नहीं बनी Bargaining करके या चार पैसे बचा कर, तो फिर गुरूजी की बात मानने में ही भलाई समझी और आज अपना भला कर लिया।

तो एक बड़ी सीख गुरूजी की काम आयी कि काम करने वालों के वक़्त की और काम की क़ीमत करें और मोल भाव में वक़्त न बर्बाद करें।

आप कुछ भी सोचे पर मेरे लिए इसी सोच ने काम किया, कहते है न कि जब गुरु कुछ सिखाये तो आँख बंद करके उस पर अमल करें, सही ग़लत पर न जाए। मैंने सिर्फ़ गुरूजी की सीख को अपनाया और अपने जीवन में उतारा।

मेरी आर्थिक स्थिति में बदलाव तो आप स्वयं अपने सामने देख पा रहे है, इसलिए बिना Logics लगाए वह करिये जो कई सफल व्यक्ति करते है, उन्होंने Road Map बनाया है हम क्यों अपना वक़्त Road Map बनाने में ख़र्च करें सिर्फ़ वह करें जो कहा जा रहा है।

तो आज ही अपने आप से वादा करें कि एक बार करके देखते है क्योंकि मोल भाव करके कौन अमीर हुआ है?

B) गुरूजी कि दूसरी सीख:- मोल न पूछे

"तोल मोल के बोलिये पर मोल कभी न बोलिये
मोल के बोल ही है
जो आपका मोल बोल देंगे"

एक Experiment कीजिये Purse में 100 ही Rupees क्यों न हो, साफ़ सुथरे कपडे पहने, कपडे महंगे हो न हो Attitude महंगा रखे और किसी भी Shop में कुछ खरीदने जाए, सिर्फ़ Attitude के साथ आपकी पसंद के product दिखाने को कहे और बेहतर और बेहतर कहते जाए, वह आपको दिखाता जाएगा क्योंकि आपने अभी तक मोल भाव शुरू नहीं किया।

अब एक बार मोल भाव करें फ़र्क़ दिख जाएगा आपको उस दूकानदार के बर्ताव में, क्योंकि वह भी आपके बोल से आपके मोल का अंदाज़ा लगा लेगा और उतना ही वक़्त ख़र्च करेगा आप पर जितना आपका मोल है।

अब ध्यान से ऊपर वाला Quote पढ़े समझ आ जाएगा और ज़्यादा सरल भाषा में इसी बात को कहूँ तो **"बंद मुट्ठी लाख की खोल दी तो ख़ाक की"**।

जी हाँ आप अपने बारे में जो सोचेंगे वही Create होगा मोल पूछते समय आपको पता है आपकी limitation, बस यही सीख गुरूजी ने भी दी- मोल न पूछे, जी हाँ जब मोल भाव करना ही नहीं है तो मोल भी क्यों पूछ रहे है, आपको किसी वस्तु की ज़रूरत है तभी आप वह वस्तु खरीदने आये है, आपकी ज़रूरत बड़ी है या उस वस्तु का मोल? इस को गुरूजी ने बहुत

अच्छे से समझाया और ये सीख दी कि जब भी मैं कहीं जाऊँ और अगर मुझे या मेरी बेटी को कोई वस्तु पसंद आये तो मुझे बिना दाम पूछे वह वस्तु खरीद लेना चाहिए, मैंने पूछा ऐसा क्यों? गुरूजी ने कहा तेरी बेटी को कुछ पसंद आ गया, तो तेरी बेटी की पसंद से ज़्यादा क़ीमत तो नहीं हो सकती न उस वस्तु की।

बस रोंगटे खड़े हो गए मेरे इस बात को सुनकर सही तो कहा उन्होंने मेरी बेटी जिसके लिए सब कुछ कर रही हूँ उसकी पसंद से बड़ा क्या हो सकता है मेरे लिए?

क्या बात कही है गुरूजी ने, एक Attitude भर गया उसी वक़्त मेरी Body Language में।

मैंने अपने आप से बात की, Self talk में अंदर से आवाज़ आई "Yes" अपनी बेटी की हर इच्छा को पूरी करने की कोशिश करती हूँ, उसकी खुशियों के लिए ही तो सब कर रही हूँ और मेरी बेटी ने किसी वस्तु पर हाथ रख दिया इसका मतलब उसे वह पसंद है तो फिर क़ीमत क्या देखना।

गुरूजी ने इस बात को और ठीक से समझया बेटी कोई भी दुकानदार 15 से 20 प्रतिशत से ज़्यादा क़ीमत तो नहीं लगाएगा किसी भी product पर और इतना Profit तो उसका हक़ है, और जब हम उस दुकान के मालिक को उसका हक़ देते है तो उस दुकान के Cash Counter पर जहाँ वह बैठता है वहाँ उसके पीछे एक तस्वीर होती है, उसके देवी देवता या उसके माता पिता की और जब हम उस दूकानदार को उसके हक़ का पैसा देते है तो बस वही तस्वीर में बसे हुए देवी देवता या उसके माता पिता की Energy हमें आशीर्वाद

देती है कहती है Thank you-तुमने हमारे मालिक का ख़्याल रखा।

क्योंकि दुकान के उस मालिक को कई लोगों की रोज़ी रोटी देखनी होती है। उस दुकान की देहलीज़ भी आपको Blessings देती है, खुश रहो का आशीर्वाद मिलता है और आशीर्वाद में कितनी ताक़त है ये तो दोस्तों मैंने आपको अपने जीवन से बताया ही है।

गुरूजी की बात समझ आ गई थी क्योंकि मैं भी Energies को समझने लगी थी और आशीर्वाद के फल मुझे मिलने लगे थे तो संदेह की जगह भरोसे ने ले ली और उसी भरोसे के साथ एक नयी सीख को अपनी समझ से जीवन में उतार लिया।

बस फिर क्या था मैंने उस दिन से मोल पूछना ही बंद कर दिया और दोस्तों धीरे-धीरे जो बदलाव मैंने देखा अपनी आर्थिक स्थिति में, उस बदलाव को मैं समझ रही थी और नोटिस भी कर रही थी, जिस तरह इन तीन वर्षों में मेरी Financial Condition बेहतर हुई उसके साक्षात्कार तो आप सब है।

40 से 40 करोड़ मेरी पहली Book से आप मेरी Journey तो देख ही रहे है और जब मुझे भी पक्का भरोसा हो गया गुरूजी की सीख से और कई बड़े-बड़े Authors को पढ़कर जब समझ आया तो सबसे पहली जो ज़िम्मेदारी थी वह थी "करोड़ों की बातें" Webinar आप सबके लिए और अब 'करोड़ों की बातें' आप सबके हाथ में हैं। क्योंकि इसे घर-घर तक और हर घर तक पहुँचाना मेरी Human Responsibility है।

तो दोस्तों जब मोल भाव करना ही नहीं है तो मोल पूछना ही क्यों है, करके देखिये क्योंकि करोड़पति वाली आदतें अपनानी

है और बड़े-बड़े लोग छोटे-छोटे मोल नहीं पूछते और मोल भाव नहीं करते।

आज से शुरू करें कोई एक ही वस्तु से शुरू करें, Attitude के साथ Shop में जाए, बिना मोल पूछे Pack कीजिये कहिये, देखिये क्या Attitude होगा आपकी Body Language में और "Neville Goddard भी कहते है" Attitude is the healing touch'।

C) गुरूजी की तीसरी सीख:- उधारी वापस "कभी" न मांगे

"देना है तो दिल से दीजिये
मांग लिया तो फिर क्या दिया?"

दोस्तों पैसे में और "करोड़ों की बातें" में ये एक बेहद ज़रूरी Topic जिसको समझना बहुत ज़रूरी है कई बार आपके पैसे की Frequency को खराब करने में इस शब्द का बहुत बड़ा कारण होता जिसका नाम है "कर्ज़ा" जिस शब्द ने कई परिवारों का दिन का चैन और रातों की नींद उड़ाई हुई है आज के Modern System में अधिकतर परिवार फसें हुए है, इस System का नाम है, Home Loan, Car Loan, Personal Loan, और EMI.

उधारी या क़र्ज़ ये ऐसे शब्द है शायद किसी को भी पसंद नहीं है पर कई बार ज़िन्दगी में ऐसा वक़्त आता है जब आपका इस शब्द के साथ सामना होता है और शुरुवात होती है एक छोटे से कर्ज़ या loan से जो धीरे-धीरे इतना बढ़ जाता है कि दिन रात हमें सिर्फ़ उसे चुकाने की फ़िक्र रहती है। कई बार वर्षों तक इंसान दो वक़्त का खाना भी चैन से नहीं खा पाता कर्ज़ को चुकाने की फ़िक्र, दरवाज़े पर credit card वाले के आने का डर, EMI का Tension, सुबह-सुबह कोई WhatsApp पर मैसेज या दोस्त और रिश्तेदार का कॉल कि पैसा कब वापस करोगे।

और ये कर्ज़ा ख़त्म होने की जगह सिर्फ़ बढ़ता जाता है और हम कभी तोड़ नहीं पाते इस कर्ज़ का जाल, हम कभी नहीं

समझ पाते कि हमारी गलती कहाँ है क्यों नहीं ख़त्म कर पा रहे कर्ज़ा, बढ़ता क्यों जा रहा है कर्ज़ा, कब मिलेगी कर्ज़ से मुक्ति, 30 दिन मेहनत करने के बाद जब Salary आती है सब EMI को चुकाने में चली जाती है और हम कभी भी सुकून से नहीं जी पाते, 30 दिन निकलने में वक़्त नहीं लगता और फिर EMI और बस इसी चक्रव्यूह में रह जाती है ज़िन्दगी।

मेरे साथ भी यही हो रहा था और ये मेरे stress को इतना बढ़ा रहा था कि न चैन से सो पाती थी न ही कुछ कर पाती थी, और कई बार तो जिन्होंने मदद की मेरी ज़रूरत के वक़्त पर उधार देकर वही मदद करने वाले की भाषा अब इतनी कड़वी हो जाती, कि मुझे भी सोचना पड़ता था, क्या इसी ने मेरी मदद की थी?

पर मेरी सच्चाई मैं ही जानती हूँ कि मुझे कभी भी किसी का बुरा बोलना बुरा नहीं लगा क्योंकि ये वही लोग थे जिन्होंने किसी एक वक़्त पर मेरी मदद की थी ये उनकी गलती नहीं थी कि उनकी भाषा कड़वी हुई बल्कि उन्हें भी पैसों कि ज़रूरत है और वह भी पैसों के लिए परेशान हो रहे है इसीलिए भाषा थोड़ी Rude हुई है।

पर इस पूरी journey में मैंने एक बात का ख़्याल रखा कि जिस भी व्यक्ति ने मेरी मदद की मैं हमेशा उसकी कृतज्ञ रहूँ, मैंने हमेशा अपनी मजबूरी अपने गणपति से ज़रूर कही-कि मेरी नियत साफ़ है और जब भी मेरे पास Comfortable पैसा होगा जहाँ मुझे बेटी को खिलाने की फ़िक्र और घर के किराये की फ़िक्र न हो तब किसी दिन मैं ख़ुद उन्हें call लगाकर धन्यवाद सहित पैसे वापस दूंगी और एक List बनाई।

गणपति मेरे इष्ट है उनसे वादा किया, जिस किसी ने भी मेरी मदद की है मैं हर किसी का पैसा वापस करुँगी बस मुझे वह वक़्त ज़रूर देना, जिस से जब भी कोई किसी की मदद करता है उनका मदद से भरोसा न उठे।

और मेरे गणपति ने मेरा भरोसा बनाये रखा और आज ऐसा वक़्त ला दिया जहाँ मैंने हर उस व्यक्ति को जिन्होंने कभी मेरी मदद की थी, उनका भरोसा इंसानियत से उठने नहीं दिया और कई लोगों को मैंने call करके धन्यवाद सहित उनका पैसा वापस दिया।

वह भी हैरान थे और हैरानी से ज़्यादा अचंभित थे कि क्या वाक़ई उन्हें उनका गया हुआ पैसा मिल रहा है जिसे वह भूल कर बैठे थे क्योंकि कई परेशान करने वालों को मैंने Block कर दिया था।

इस कहानी को आप सबको बताना इसलिए ज़रूरी है क्योंकि इस पूरी कहानी से मैं आपको समझा सकूँ की इस कर्ज़ का कारण और कर्ज़ा न लौटने वालों की मज़बूरी बहुत ही Scientific है और Actually Law of Attraction के Force का बहुत बड़ा हाथ है।

इस विषय को मैंने कई बार जब भी अपने Webinar में बताया है मेरे अलावा कई लोगों ने इसे अपनाया और उन्हें उनका पैसा वापस भी मिला और वह अपना कर्ज़ा ख़त्म भी कर पाए।

तो पहले हम कर्ज़ा बढ़ता क्यों है उसको जान लेते है तो सबसे पहले मैं ये बताना चाहती हूँ कि जैसे ही हम एक छोटा-सा कर्ज़ा, उधार या loan कहीं से लेते है, मदद मिलने के बाद

हमारी एक ही सोच शुरू हो जाती है कर्जा वापस करना है, उसका कर्ज़ा है, अरे मुझे उसका उधार चुकाना है, Loan की EMI है जैसे कई वाक्य हमारे विचारों में रोज़ आते है. हमें मदद मिली है, इसकी ख़ुशी मनाने की बजाय हम क़र्ज़ की सोच में डूब जाते है।

आप सब जानते है जो विचार आपके मस्तिष्क में होंगे मस्तिष्क वैसे ही स्थितियां पैदा करेगा और हम अनजाने में कर्ज़ के बारे में सोचकर कर्ज़ा ही बढ़ा रहे होते है और एक दिन कर्ज़ में डूब जाते है और समझ नहीं पाते छोटे से Amount का उधार कब बड़े कर्ज़ के रूप में आपके सामने खड़ा हो गया।

तो फिर क्या किया जाए क्या उधार वापस करने के बारे में न सोचा जाए-जी हाँ हल तो इसका यही है, आप ख़ुद से पूछे क्या कर्ज़ के बारे में सोचकर आप क़र्ज़ चूका पाए?

अगर नहीं तो अब उसके बारे में सोचना बंद कर के भी देख लीजिये, क्योंकि दोस्तों जब-जब आपकी सोच में key word कर्ज़ा है Emotions और Feeling कर्ज़ की है तो आपको एक बात बताती हूँ आप हर दिन कर्ज़ा ही Manifest कर रहे है।

Neville Goddard ने कहा है "Feeling is the secret", कर्ज़ की Feeling कर्ज़ा ही Manifest करवाएगी।

फिर हल क्या है?

हल है- क्यों न हम कर्ज़ों को एक महीने का वक़्त दे उसे पूरी तरह भूल जाएँ और Wealth को key word बना ले, पैसे और Wealth के बारे में दिन रात सोचे और जिस दिन सोच की वज़ह से पैसा आ जाये सबसे पहले Thank You के साथ उस व्यक्ति को उसका पैसा वापस करें।

बल्कि कर्ज़ा वापस करने की बजाय Return Gift समझ कर वापस करें क्योंकि आपको पैसे की मदद चाहिए थी, ब्रह्माण्ड ने आपकी सुन ली, ब्रह्माण्ड ने किसी को आपके जीवन में मदद के लिए भेजा- तो वह कर्ज़ा कहाँ हुआ उसे ब्रह्माण्ड की मदद समझे तो आप कर्ज़ के शब्द से मुक्ति पा सकते है।

शब्दों के Power को मैंने शब्दों की बातें Webinar में कई बार समझया है, हर Situation को आप सही शब्द का इस्तेमाल करके उसे बेहतर बना सकते है। बस कर्ज़े को बेहतर नाम दे, Return Gift, इस को इस्तेमाल करके आप कर्ज़े के शब्द से पहले मुक्ति पाएंगे और फिर कर्ज़े से।

और ब्रह्माण्ड ने जिस व्यक्ति को आपकी मदद के लिए भेजा बस उसे Return Gift देना है, जब भी आपके पास पैसा आएगा ऐसा Promise ख़ुद से कीजिये।

ये मेरा अनुभव है दोस्तों मैंने आज लगभग सारे कर्ज़े ख़त्म कर दिए है।

कुछ लोग है जिनका संपर्क नहीं है मेरे साथ, उनको भी याद करती हूँ जिस से अगर उनसे संपर्क हो तो उन्हें भी धन्यवाद सहित उनका पैसा लौटा सकूँ।

पर आज कर्ज़े की ना तो Feeling है और न ही कर्ज़दार का डर।

यक़ीन मानिये इस Process में कई कर्ज़दारों को मुझे सिर्फ़ इसलिए Block करना पड़ा क्योंकि वह मुझे हर रोज़ कॉल करके जब पैसा मांगते थे तो मेरी Frequency ख़राब होती थी, मेरा काम में मन नहीं लगता था, मैं चिंता में डूब जाती थी, तो

एक दिन मैंने अपने इष्ट गणपति से हर किसी का पैसा वापस करने का promise करके हर उस Number को block किया जो मेरी Frequency ख़राब कर रहे थे क्योंकि जाने अनजाने में उन्हें भी नहीं पता था कि मेरी Frequency ख़राब करके वह अपना ही नुक़सान कर रहे है।

ये सीख मुझे गुरूजी के व्यवहार से मिली, ये मैंने गुरूजी से सीखा क्योंकि जब भी गुरूजी मुझे मदद करते वह मुझसे कभी पैसा वापस नहीं मांगते और वही एक ऐसे व्यक्ति है जिनका पैसा मैंने हमेशा वक़्त पर वापस भी किया अब जब पैसे को अच्छे से समझ चुकी हूँ, तब समझ आया "उधारी दे पर वापस न ले" की सोच से दिया पैसा आपके पास वापस आएगा ही और अपने आप आएगा, मांगने की ज़रूरत पड़ेगी ही नहीं।

क्योंकि आप उस व्यक्ति से "पैसा कब वापस करोगे?" ये प्रश्न न पूछकर उसकी पैसे को लेकर जो Frequency है उसे बनाये रखने में मदद कर रहे है वह खुल कर पैसा कमा रहा है और सही समय पर आपको वापस भी कर देता है जैसे मैं हमेशा गुरूजी से ली मदद वक़्त पर वापस कर देती थी।

तो फिर उधारी वापस कैसे ले, ये सवाल को कुछ ऐसे देखते है कि जब भी किसी को उधार या कर्ज़ा देना है तो कैसे दे? क्योंकि देने की Feeling पर लेने की Situation बनती है तो चलिए पहले देने की Technique को समझ ले जिस से कर्ज़ा देने और लेने वाले, दोनों ही पक्ष को फायदा हो।

D) गुरूजी की चौथी सीख:- पैसा देकर भूल जाए

"तुम्हारा क्या गया, जो तुम रोते हो? तुम क्या लाए थे, जो तुमने खो दिया? तुमने क्या पैदा किया था, जो नाश हो गया? न तुम कुछ लेकर आए, जो लिया यहीं से लिया। जो दिया, यहीं पर दिया। जो लिया, इसी (भगवान) से लिया। जो दिया, इसी को दिया।"

(जब भी कभी अपने दिए हुए पैसे की चिंता करें ये गीता सार पढ़ें)

ये एक ऐसा statement है जिसे मैंने पहली बार 1999 में Apply किया था जब पहली बार मैं अपना Business शुरू करना चाहती थी और घर से पैसा नहीं चाहिए था तब मैंने पहली बार एक List बनाई कि कौन मेरी मदद कर सकता है और मैंने 5 लोगों से उधार लिया था Business के लिए।

तब मैंने उन सबको कहा आप पैसा देकर भूल जाइये मैं लेकर नहीं भूलूंगी जब भी सहूलियत होगी आपका पैसा वापस ज़रूर करुँगी और मैंने किया और जिन्होंने दिया था उन्होंने कभी call करके नहीं माँगा, और इस बात का प्रमाण मुझे गुरूजी से भी मिला कि वह भी वही करते है जब भी उन्होंने मुझे या किसी को भी पैसा दिया एक Date वह हमेशा पूछ लेते है कब वापस कर सकते हो, उसके बाद गुरूजी वह पैसा देकर भूल जाते है और फिर कभी call नहीं करते। क्या वाक़ई ये एक सही Technique है- जी हाँ मैंने एक बार नहीं कई बार आजमाया है इसीलिए आपके साथ शेयर कर रही हूँ।

उधारी कैसे दे और उधार वापस कैसे लिया जाए? अगर वापस माँगा न जाए या फिर कर्ज़ लेने वालों को मैंने आसानी से कह दिया मत सोचिये कर्ज़ के बारे में तो क्या मैं ग़लत कर रही हूँ उनके साथ जिन्होंने एक वक़्त पर किसी न किसी की मदद की है कर्ज़ा देकर, क्या उन्हें उनके पैसे मांगने का हक़ नहीं है?

दोस्तों मैं ऐसा नहीं कह रही कि पैसा वापस लेने का हक़ नहीं है पर पैसा वापस माँगने का तरीक़ा थोड़ा बदलना होगा, यहाँ पर मैं आपको अपने ही अनुभव से और गुरूजी के व्यवहार से बहुत बड़ा Example देती हूँ तो आप समझ पाएंगे।

तो दोस्तों मैंने उन दस वर्षों में कई लोगों से पैसे की मदद ली क्योंकि कई बार Production House वक़्त पर salary नहीं देते थे पर घर का Rent तो वक़्त पर ही देना होता था, तो कई बार गुरूजी मुझे वक़्त पर Rent देने में मदद करते और Salary आने के बाद लौटा देना कह दिया करते और मैंने नोटिस किया की गुरूजी ने मेरी जब भी मदद की मैं उनका पैसा हमेशा समय पर लौटा पाती थी, पर कई दोस्त जिन्होंने मेरी इन दस वर्षों में मदद की मेरे पास पैसा आता भी था पर फिर भी मैं वक़्त पर वापस नहीं कर पाती थी, Salary आने के बाद पैसा किसी और काम में ख़र्च हो जाया करता था, कई बार तो वह रक़म 5000 से भी कम होती थी।

अब जब पैसे की Chemistry समझ आ गई तब मैं अपने अनुभव से बता सकती हूँ कि गुरूजी की एक आदत थी वह जब भी मुझे या किसी और को पैसा देते बहुत ही Free Mind से देने के लिए ही देते थे और सिर्फ़ एक बार पूछ लिया करते थे कि कब वापस करोगी पर वह तारीख आने पर या उसके पहले

से ही गुरूजी कभी call करके मुझे पैसे वापस करने की बात नहीं करते। जो गलती हम अक्सर करते है।

गुरूजी कभी भी मुझे दुबारा नहीं पूछते की पैसा कब दे सकती हो पर मैंने देखा बाक़ी के कई दोस्त Whatsapp पर सुबह-सुबह मुझे Message कर दिया करते थे कि पैसा कब वापस करोगी और वह Message पढ़कर मेरी पूरी Energy चली जाती Frequency कर्ज़े की सोच में डूब जाती और जो पैसा मेरे पास आने वाला होता वह और Delay हो जाता और कई बार समय पर मैं पैसा वापस नहीं कर पाती और इसी बात पर और चिंता में डूबती पर कभी समझ नहीं पाती की ऐसा क्यों होता है।

ये मनोविज्ञान है कि Fear से या असुरक्षा की भावना से दिया गया पैसा, ये सोचकर दिया गया पैसा कि पता नहीं पैसा वापस आएगा या नहीं आपके ही पैसे को आप तक पहुँचने नहीं देता और हम एक Statement Affirm कर देते है कि "उधार वापस नहीं आता"।

"उधारी के साथ ये एक कहावत हो गयी है उधारी वापस नहीं आती" इसीलिए जब भी किसी को पैसे की मदद करें उधारी बोलकर न करें सिर्फ़ उसे energy समझे आपके पास ज़्यादा है किसी को उस Energy की अभी ज़रूरत है तो शेयर कीजिये और आपकी पैसे को लेकर सही Frequency की वज़ह से पैसा आपके पास आता ही रहेगा, आपका पैसा है आपके पास ही आएगा न।

एक और ज़रूरी बात बताना चाहूंगी अगर आपका कहीं पैसा फंसा है कई वर्षों से कोई वापस नहीं कर रहा और आप

उसे बार-बार फ़ोन कर रहे है तो सबसे पहले उस पैसे से ध्यान हटाइये उस व्यक्ति को Bless कीजिये कि उसके जीवन में Prosperity आये तभी तो वह आपका पैसा वापस कर पायेगा हम तो गुस्से में उसे कोसने लगते है, कैसे करेगा वह आपका पैसा वापस?

आप ब्रह्माण्ड से कहिये कि मैंने किसीकी मदद की थी पर मेरा पैसा वापस नहीं आ रहा, और मुझे भी पैसे कि ज़रूरत है मुझे मेरा पैसा वापस चाहिए, Fresh money के लिए Energy दे, न कि जो Stuck है।

आज जब कई Participants जो "करोड़ों की बातें" Webinar में आकर यही बात सीख कर जाते है, धैर्य से अपनाते भी है और वाक़ई उनका पैसा जो काफ़ी वक़्त से रुका हुआ होता है वह वापस आता है और जब सब अपनी Successful Stories share करते है तो और भी भरोसा हो जाता है कि यही सही तरीक़ा है पैसे के साथ Frequency को बिना ख़राब किये उस Energy को बनाये रखने का।

कई Participants के लाखों रूपये जो stuck थे, उसी व्यक्ति ने उन्हें बुला कर वापस भी किये है, इसीलिए आज मैं दावे के साथ आपके साथ शेयर कर पा रही हूँ कि पैसा वापस न करने में लेने वाले से ज़्यादा गलती देने वाले की Low Frequency होती है इसलिए पैसा देने वाले की सही Frequency बहुत ज़रूरी है।

इसलिए जब भी किसी की मदद करने लिए हाथ आगे बढ़ाये या मदद मांगने के लिए हाथ फैलाये एक दूसरे की Frequency पर ध्यान दे और मिलकर एक दूसरे को Bless करें तो कर्ज़ा

लेने और कर्ज़ा देने वाले सहूलियत से एक दूसरे की मदद भी कर सकते है और समाज में उधारी वापस नहीं आती है कि जगह अब एक नए Statement से समाज को Introduce करें की आप जब किसी की मदद के लिए एक हाथ आगे बढ़ाते है ब्रह्माण्ड में उसी वक़्त आपके लिए कई हाथ Ready हो रहे होते है आपको Bless करने के लिए।

इस बात को आप समझ ले और गाँठ बाँध ले पैसा सिर्फ़ एक Energy है और जितनी भी Energy आप ब्रह्माण्ड में देंगे तीन गुना होकर आपके पास वापस भी आएगी।

E) गुरूजी कि पांचवी सीख: किसी एक की ज़िम्मेदारी ले

"दुनिया की सबसे बेहतर टॉनिक" ज़िम्मेदारी" है
एक बार लेकर तो देखिये
ज़िन्दगी भर थकने नहीं देगी"

गुरूजी एक बात हमेशा कहते है कि इंसान अगर पूरी दुनिया न बदल सके तो कोई बात नहीं, किसी एक की ज़िन्दगी बदलने की ज़िम्मेदारी ले तो क्या पता वह एक व्यक्ति कई ज़िंदगियाँ बदल सके।

ऐसा ही कुछ मेरे गुरूजी ने भी किया जब उन्होंने मुझे 10 वर्ष पहले अपनी बेटी माना, गुरु है, एक नज़र में परखने कि क्षमता रखते है, जब उन्होंने देखा कि मैं अपनी बेटी को अकेले बिना किसी मदद के उसे अच्छा जीवन देने कि कोशिश कर रही हूँ पर फिर भी कई बार ऐसी परिस्थितियाँ आती थी कि salary वक्त पर नहीं आयी, बेटी की School Fees देनी है तो कई बार मेरी परेशानी पर मेरी ईमानदारी देखकर उन्होंने मुझे बस इतना कहा कि बेटी लड़ और आगे बढ़, जहाँ कही भी मुसीबत आयी तो समझना तुम्हारा पिता तुम्हारे पीछे खड़ा है बस इतना भरोसा रख, मैं तुझे हारने नहीं दूंगा।

ऐसा गुरूजी ने किया भी, उन्होंने मुझे बेटी मानकर मेरी ज़िम्मेदारी पिता की ही तरह निभायी, तभी मेरा मुंबई में अकेले रहना बच्ची की परवरिश इतनी आसान हुई क्योंकि जब भी कभी पैर लड़खड़ाते गुरूजी कह देते बेटी घबराना नहीं, मैं हूँ तेरे पीछे बस आगे बढ़ और मज़बूरी से लड़ कर उस पर जीत पा।

आज वही हुआ मैं जीत गयी अपनी मजबूरियों से भी और ग़रीबी से भी।

और आज गुरूजी सबको गर्व से बताते है मैंने एक की ही ज़िमेदारी ली और आज वही एक को इतना ताकतवर बनाया कि अब वह दस को खड़ा कर रही है।

जब मेरी पहली Book 40 से 40 करोड़ को इतनी पहचान मिली तब गुरूजी ने मुझे कहा-बेटी अब तू सोना बन चुकी है तुझे छुपा कर नहीं रखा जा सकता और दोस्तों गुरूजी ने सही कहा पूरे World से प्यार और सम्मान मिल रहा है।

दोस्तों गुरूजी की ये सीख बहुत काम आयी और मैंने इसे अपनाया भी, Happiness Center के रूप में जब मैंने ज़िम्मेदारी ली कुछ बुज़ुर्गों की और कुछ परिवारों की, जो वहाँ काम करते है तो ब्रह्माण्ड ने मेरी ज़िम्मेदारी ले ली, क्योंकि हमारे द्वारा एक नेक काम जब हो रहा होता है तब प्रकृति हमें पुरुस्कृत करने लगती है।

दोस्तों कभी ज़िम्मेदारी लेने से डरें नहीं, किसी न किसी जीवन को राह दिखाए हर संभव कोशिश करें उसकी मदद करें अगर उसकी तरक्की होती न दिखे तब भी हार न माने न ग़लत विचार लाये कि कहीं आपने ग़लत व्यक्ति कि ज़िम्मेदारी तो नहीं ली, गुरूजी ने इन दस वर्षों में कभी हाथ पीछे नहीं किया न ही वह पीछे हटे उन्हें यक़ीन था मेरी नेक नियत पर आज उनकी भी नेकी काम आयी कई परिवारों की ज़िन्दगियों को बदलने में।

तो मेरा सुझाव है आपको करोड़पति बनना है तो वही व्यवहार और आदतें आज ही शुरू करनी होगी। किसी एक की

ज़िम्मेदारी ले, महसूस करें की आप समृद्ध है, चाहे सच्चाई कुछ भी हो पर जब आप किसी जीवन को Nurture करने लगते है तो Scientifically आपके Brain में कई ऐसे Hormones और Chemicals Produce होते है जो आपकी Electromagnetic Field को मज़बूत करते है और आप इतने Magnetised हो जाते है कि आप कर सकते है हर सपने को Attract, Magnet की ही तरह।

यही तो है Win-Win Situation आप जब एक हाथ किसी की मदद के लिए बढ़ाते है तो तीन हाथ आपकी मदद के लिए आएंगे ही, ये ब्रह्माण्ड का नियम भी है और प्रकृति का पुरूस्कार भी "आपकी नेकी के लिए"।

क्योंकि आज जब मैं पीछे पलटकर देखती हूँ तो मेरी बेटी वह ज़िम्मेदारी थी जिसने मेरी Desire में वह Fire दी कि कुछ करना है उसे बेहतर ज़िन्दगी देनी है, नियत साफ़ थी और ज़िम्मेदारी लेने के लिए मैं तैयार थी कभी नहीं सोचा कि 7 साल की बच्ची है कैसे सम्भालूंगी Mumbai में अकेले, क्यों न इसे उसके पिता के घर पहुँचा दूँ और ज़िम्मेदारी से फ्री हो जाऊँ।

कई बार बंद तालों में 12 घंटो तक घर पर उसे अकेले छोड़कर काम पर जाती थी पर कभी भी ज़िम्मेदारी से थकी नहीं आज ब्रह्माण्ड उसी ज़िम्मेदारी को सँभालने के लिए पुरूस्कार दे रहा है खुले हाथों से और पूरे दिल से।

दोस्तों खुश होकर ज़िम्मेदारी ले, इंसानियत की और किसी भी ज़रूरतमंद की, आपको कोई देख रहा है ये न सोचे क्योंकि एक Higher Power है आपका Inner being वह आपकी नेक नियत भी देख रहा है और ज़िम्मेदारियों को समझता है, मदद तो आएगी ही, सिर्फ़ धैर्य की ज़रूरत है, थके नहीं चलते रहे।

जीत आपकी ही होगी जैसे मेरी हुई, जैसे गुरूजी की जीत हुई जैसे हर सफल व्यक्ति की जीत होती है जब वह नेकी का रास्ता चुनता है तो प्रकृति पुरूस्कार देती ही है।

F) गुरूजी की सीख से मेरी समझ:

"Purpose of money is to be used for your purpose"
"लक्ष्मी चलायमान है"

वैसे तो हमने हमारे हिन्दू रिति रिवाज़ में ये बहुत सुना है पर मैं आपको इसे सिर्फ़ Energy की भाषा में ही समझाना चाहूंगी कि पैसा एक Energy है और Energy का Flow होना बहुत ज़रूरी है नहीं तो वह एक Stuck Energy का रूप हो जाती है।

चलायमान से क्या अर्थ है, मैंने जैसे सुना सीखा और अपनाया तो आपको सिर्फ़ अपने अनुभव से ही और अपनी समझ से ही बताउंगी कि पैसे को ख़र्च कीजिये, और अच्छे शब्दों में कहूँ तो इस Energy के Flow को बनाये रखने के लिए इसे Circulate कीजिये, कई बार हम कहते है पैसा ख़र्च किया या Spend किया, इसे Circulation ही कहा जाना या माना जाना चाहिए क्योंकि लक्ष्मी तो चलायमान है, चलते रहना Nature है लक्ष्मी का।

लक्ष्मी का चलना मतलब Flow बहुत ज़रूरी है, आपने कमाया, आपने उसे किराने वाले को दिया, कपडे वाले को दिया, shoes के लिए दिया, घर में काम करने वाले स्टाफ को दिया, दूध वाले को दिया, गाड़ी में पेट्रोल भराया, हर जगह आपने लक्ष्मी को चलाया जब आपने उसे चलाया तो उसी लक्ष्मी से किराने वाले का घर चला, मोची का घर चला, पेट्रोल वाले के घर Income आयी तो उसने उसे आगे चलाया उसकी ज़रूरतों के लिए।

तो आपने देखा Economy कब चलती है जब पैसा चलता है, एक हाथ से दूसरे हाथ चलता है और सबके काम बन रहे होते है, लक्ष्मी को चलाया तो उनके घर चले अगर आप उसे जकड कर बंद करके Locker में रखते है तो Economy कैसे चलेगी।

इसलिए लक्ष्मी को चलायमान ही रहने दे, उसकी एनर्जी को Stuck न करें। Movement दे।

आप को अपना अनुभव बता रही हूँ, पहले में कई बार सोचा करती थी पैसा ख़र्च करने से पहले, पर अब जब ध्यान से देखती हूँ कि जब डर-डर कर रुक कर सम्भालकर पैसा 9 साल ख़र्च किया पर पैसा बढ़ना तो दूर Flow भी ठीक से नहीं शुरू हुआ और जब बेधड़क होकर बिना सोचे समझे जहाँ अपनी सहूलियत और ख़ुशी या ज़रूरत पर दिल खोलकर ख़र्च किया, किसी की मदद के लिए बिना डरे हाथ फैलाकर मदद की, पैसा तो बढ़ रहा है।

तो फिर क्यों न इस बात को मान ले की जब भी पैसा किसी को भी दे बस ये समझ ले आप ख़र्च नहीं कर रहे है बल्कि Circulate कर रहे है और ये पैसा फिर आपके पास वापस आएगा।

पैसा ख़र्च हो रहा है या कम हो रहा है के Mindset से आप बाहर आ जायेंगे और Scarcity की Frequency भी आप नहीं देंगे इस ब्रह्माण्ड में पैसे को लेकर।

पैसे को लेकर मेरी Frequency मैंने हमेशा से बनाये रखने की कोशिश की क्योंकि जब मुझे समझ आया कि पैसा ख़र्च होता ही नहीं है घूम फिर कर मेरे ही पास वापस आता है तबसे

मैंने पैसे को जहाँ पर भी दिया, मैंने साथ में ये भी कहना शुरु किया कि "तुम मेरे हो मैं तुम्हे बहुत पसंद करती हूँ, अभी मैंने तुम्हे यहाँ भेजा है जाओ उनको Bless करके जल्दी घर आना"।

दोस्तों मैं जब भी पैसे को जिस वज़ह के लिए इस्तेमाल करती हूँ चाहे वह Diamond का showroom हो या Flight Tickets या Grocery का shop या बच्चे की Fees, मैं जब-जब पैसे को इस्तेमाल करती हूँ अपनी सुख सुविधा के लिए हमेशा एक Command दे दिया करती हूँ सुनो जल्दी घर आना और बढ़ती हुई मात्रा में आना और हमेशा वही होता है ख़र्च करने के साथ-साथ ही Bank में उसी मात्रा या बढ़ती मात्रा में पैसा Credit हो जाता है।

अब जब भी पैसा ख़र्च करती हूँ मैं बहुत ही खुश रहती हूँ और Confident भी क्योंकि मुझे पता है मेरा पैसा है न मेरे पास ही वापस आएगा, हर उस व्यक्ति को Bless करके जिसे मैंने दिया है और मैं संतुष्ट हो जाती हूँ और पैसा ख़र्च हुआ या कम हुआ कि Frequency और सोच से मैं बाहर आ गयी।

तो बस ये एक Statement या Affirmation आप भी अपना लीजिये, पैसे को अपने दोस्त की तरह Treat करें और जहाँ भी दे उसे घर वापस आने का Intention भी दे। Energy है पैसा, जैसी Energy आप उसे देंगे वह वैसा ही Respond करेगी।

Section 2

बचपन की सीख:

"सपने हमारे बेहिसाब थे जब हम बच्चे थे,
बड़ों ने सपने लेकर, जिंदगी का हिसाब थमा दिया"

वैसे तो हमें बहुत सीख मिली है बचपन से ही और इसी को programming कहते है, रिश्तों को लेकर, समाज को लेकर हर बात पर हमारे Subconcious Mind को एक Programming दी गयी है और उस Programming कि वज़ह से हम अपने जीवन में उसी तरह के Events Attract करते है यही है Law of attraction.

क्योंकि हम करोड़ों कि बातें पढ़ रहे है और वही बातें कर रहे है तो हम यहाँ पैसों कि उन सीख और समझ की बात करेंगे कि किस तरह ग़लत programming की वज़ह से हम सारी ज़िन्दगी इस Energy के साथ संघर्ष करते रहते है

पैसे को लेकर आज जो भी Middle Class या Lower Middle class या समाज का एक बड़ा हिस्सा हर रोज़ Struggle कर रहा है और कुछ ऐसे बच्चे जो Silver Spoon के साथ ही पैदा होते है और सारी ज़िन्दगी पैसे को आसानी से पाते है, खर्च करते है, आलीशान घर, आलीशान कार Freedom

सब कुछ इतना आसानी से मिला होता है कि पैसे की कमी या संघर्ष उन्हें पता ही नहीं होता।

तो क्या इसमें हम अपने जन्म को दोष दे कि एक बच्चा गरीब परिवार में पैदा हुआ और एक संपन्न परिवार में, पर अगर ऐसा है तो वह भी बच्चे है जो गरीब परिवार में पैदा होकर Millionaires बने और कई संपन्न परिवार में पैदा होकर भी गरीब रहे।

कई बार हम ख़ुद अपनी क़िस्मत को दोष भी देते है और कई बार हमने कई बच्चो को ये कहते भी सुना है कि काश में भी Ambani के घर पैदा होता और बात काश में ही रह जाती है।

कई बार तो हमें ये भी नहीं समझ आता कि लक्ष्मी जी का नियम क्या है, एक बार मेरे पापा ने मुझसे ये पूछा कि लक्ष्मी जी का नियम क्या है, क्योंकि ये कई बार उनके घर जाती है जो ग़लत काम करके पैसा कमाते है लोगों को लूट रहे है पर फिर भी पैसा ही पैसा है उनके पास और कई बार जो दिन रात मेहनत करके जीविका चला रहा हैं संघर्ष कर रहा है और लक्ष्मी वहाँ नहीं जाती। तब मैंने पापा को बताया कि पैसा एक Energy है जो उसके बार में सोच कर उस Energy से अपनी Vibrations मैच कर लेता है पैसा उसके पास जाता है।

बस फ़र्क़ इतना है माँ लक्ष्मी के साथ जब हम माँ सरस्वती का साथ पा लेते है तो उसी पैसे का सही इस्तेमाल भी करते है और एक सफल समृद्ध और बुद्धिजीवी बने रहते है और कई बार सिर्फ़ पैसा है और Wisdom नहीं है तो इस Energy को समझकर आप पैसे को अपने जीवन में guarantee के साथ पा तो सकते है पर ज़िन्दगी स्वस्थ और खुशहाल होगी और

इस आयी हुए लक्ष्मी को बिना Wisdom से जीवन में कब तक संभाल पाएंगे इसकी कोई भी guarantee नहीं होती

क्योंकि मेरे जीवन में आये उतार चढ़ाव का सीधा सम्बन्ध मेरे साथ 2011 में हुई घटना से नहीं था बल्कि उस घटना से बदली मेरी Vibration और सोच का था, जैसे ही पति छोड़कर चले गए Confidence गया, Struggle की सोच आयी और उसी सोच ने 9 साल का Struggle दे दिया, Creative Director पहले भी थी पर Stable नहीं हुई फिर कुछ किताबें पढ़ी, Abraham Hicks को सुना, सोच stable हुई तो Media में रहकर ही अच्छे दिन भी आ गए।

आज जब मैं इतने दावे के साथ इस Energy को बताती हूँ क्योंकि अपनी ही ज़िन्दगी के उतार चढ़ाव, कब क्या हुआ, क्यों हुआ को इतना Analysis किया तब समझ आया कि जो है वह पारिवारिक और सामाजिक वातावरण से मिली सोच का परिणाम है, न कि किसी का अमीर या पैसे वाला होना उसका जन्म सिद्ध अधिकार या ज़िन्दगी भर गरीब रहना किसी की किस्मत।

अपने ही निजी अनुभव को आपके साथ शेयर कर रही हूँ जिस से आप समझ सकें पैसा एक सोच है ज़्यादा या कम उसी सोच पर निर्भर करता है।

कई बार मैंने ये "करोड़ों की बातें" Webinar में बताया है आपको भी बताती हूँ मैं भी जिस घर में पैदा हुई थी वहाँ ज़रूरत से ज़्यादा पैसा नहीं था पर मेरे पैदा होने के बाद पापा के घर पैसा ज़रूरत से ज़्यादा आया कि मैंने सिर्फ़ पैसा और Comforts देखा पर पिछले 10 वर्षों का वक़्त ऐसा था, मेरा मुंबई में अकेले बच्ची के साथ पैसे के लिए सिर्फ़ संघर्ष बचा था।

तीनो Stage के Analysis से समझ आया जब आपकी पैसे को लेकर Frequency संघर्ष की होगी तब संघर्ष होगा, सोच में संघर्ष हुआ तो जीवन में संघर्ष ही होगा, जिसे या तो सोच बदलकर अपनी आर्थिक स्थिति ठीक की जा सकती है या फिर पैसे की Desire के लिए Fire से ही संघर्ष ख़त्म किया जा सकता है।

पापा के उदाहरण से बात करूँ तो जब मैं पैदा हुई तब उनकी आर्थिक स्थति सिर्फ़ दो वक़्त के भोजन और रोज़मर्रा के जीवन यापन तक ही थी, तीन बेटे और अपने माता पिता का ख़्याल रखना उस वक़्त 500 rupess की Salary में संघर्ष तो होगा ही।

पर मेरे पैदा होने के बाद पैसे को लेकर शायद दिमाग़ के किसी कोने में Fire आयी ही होगी कि तीन बेटों के बाद एक बेटी जब आयी तो ख़ुशी के साथ ज़िम्मेदारी भी लाई क्योंकि मम्मी ने बताया था कि पापा को ऐसा लगा कि मैं उनके घर में आयी हूँ और उनके पास कुछ है नहीं देने के लिए, जिस वज़ह से मैं अंदाज़ा लगा सकती हूँ कि कहीं न कही ज़िम्मेदारी का एहसास हुआ होगा।

जैसे कि पहले के वक़्त में होता था बेटी ज़िम्मेदारी लेकर आती थी तो पापा की Desire में fire आयी होगी।

मेरे पैदा होने के पहले ही वर्ष मैं बहुत बीमार पड़ी कि कई ज्योतिषियों ने कह दिया था इस बच्ची के मृत्यु के योग है अगर बच गयी तो आपका एक "हाथ सोने में होगा और एक हाथ चांदी में"।

और उसी वर्ष मेरे पापा ने एक बार फिर Public Service Commision का Exam दिया और पापा R T O डिपार्टमेंट में आ गए sub-inspector की पोस्ट पर और RTO के पद से रिटायर हुए।

ये कहानी आपको बताने का मकसद है कि जब बेटी आयी तो Fire तो आयी ही पर ज़िम्मेदारी भी आयी पैसे के लिए और फिर ज्योतिषियों की भविष्यवाणी से एक उम्मीद आयी पैसे को लेकर।

ज़िम्मेदारी होने के फायदे मैंने आपको पिछले section में ही बताया कि कितना मायने रखती है ज़िम्मेदारी आपके जीवन में

Scientifically Brain पर दोनों Emotions ने काम किया जहाँ पापा दो वर्षों से उस exam को clear नहीं कर पाए और जिस वर्ष मैं पैदा हुई एक बार फिर उन्होंने Attempt किया और clear कर लिया ।

यहाँ पर सोच ही काम आयी संघर्ष की सोच से उम्मीद की सोच।

मेरी पैसे को लेकर बचपन से Frequency अच्छी ही रही क्योंकि पैसे के लिए कोई संघर्ष देखा ही नहीं और Poverty conscious नहीं हुआ मेरा Brain तो हमेशा मैं prosperous ही रही।

पर शादी के बाद धीरे-धीरे पति की पैसे को लेकर limited सोच और insecurity ने मेरे Brain को भी वही Limited

Belief दिए और धीरे-धीरे Abundance से मैं Poverty Conscious होती गयी।

और पति के जाने के बाद Poverty conscious की सोच ने Insecurity की सोच दी और वही सोच संघर्ष में बदल गयी।

एक बार आपके Brain में संघर्ष कि सोच आयी और आपके Brain का स्वभाव है आप जो कहेंगे वह मान लेगा और create करेगा।

लगभग 9 वर्षों तक मेरा Brain मेरे लिए Struggle Create करता गया क्योंकि मैंने वही Message दिए अपने Brain को, अपने Subconscious Mind को पर Power of Subconscious Mind की समझ ने एक बार फिर मौका दिया कुछ नया Create करने का और मैंने कर दिखाया।

जब 2019 में फिर एक बार मैंने Law of Attraction से इस बात को समझकर सोच बदली, परिणाम भी दिखे और बेटी को अच्छी ज़िन्दगी देने की Fire में उम्मीद कि एक किरण Law of Attraction की समझ ने दी और देखते ही देखते "करोड़ों कि बातों " की मैं Brand Ambassador बन गई।

ये निजी किस्सा या अनुभव सुनाने का मकसद यही है कि मैंने कहीं से सीखा नहीं बल्कि अपनी ज़िन्दगी के हर उतार चढ़ाव को देखकर Analysis भी किया और बड़े-बड़े Authors की समझ से ये सीख भी मिली और समझ भी कि कोई बड़े घर में पैदा होकर भी frequency ख़राब करके

गरीब हो सकता है और गरीब व्यक्ति की अगर पैसे को लेकर सही सोच हो तो उसे उसके मुकाम तक पहुँचा ही देती है।

तो अब ग़लत सोच को समझना बहुत ज़रूरी है क्योंकि गलती के लिए Awareness नहीं होगी, तो गलती सुधारने की संभावना नहीं होती।

तो चलिए समझ लेते है कुछ Strong Statement जो हमें बचपन से समझाए भी गए और सिखा भी दिए गए बस वही बदलना है।

तो सोचने वाली बात यही है गरीब माता पिता अपने बच्चे को बचपन से कहते है हम गरीब है,

पैसे बड़े लोगों के लिए है।

पैसे से भाई, भाई का दुश्मन हो जाता है।

ज्यादा पैसा लालची बना देता है।

पैसे आने की वज़ह से लोग घमंडी हो जाते है।

पैसे से सारी खुशियाँ नहीं खरीदी जा सकती।

बड़े सपने बड़े लोगों के लिए है।

हमें हमारी हैसियत के हिसाब से सपने देखने चाहिए।

कई लोगों को तो मैंने बोलते सुना है कि अपनी औकात में रहो।

कौन तय करेगा कि हमारी औकात क्या है हम या कोई और?

हर गरीब व्यक्ति अपने बच्चों में वही सीख देता है और कई बार तो पैसे वाले माता पिता भी जाने अनजाने में Abundace की Feeling को बिना समझे Rainy Days के लिए ही बचत करना सिखाते है, बुरे वक़्त के लिए पैसा बचाकर रखो ज़्यादा मत उड़ाओ जैसी सीख और समझ, एक दिन बुरा वक़्त ला ही देती है और हम अपनी गलती समझ नहीं पाते और कई बार किसी के समझाने पर समझना भी नहीं चाहते यही विडंबना भी है और दयनीय स्थिति भी कि ज़िन्दगी बदली जा सकती है पर हम सोच ही बदलने को तैयार नहीं जो की पहला पड़ाव है।

तो चलिए आगे बढ़ने से पहले एक Excercise कीजिये एक Page पर हर वह सारे Limited Statement लिखिए पैसे को लेकर जो हमें बचपन से सिखाये गए है, उसके बाद Better Statement लिखिए पैसे को लेकर, सही सोच लिखिए, unlimited सोच जो करवा सकती है आपके unlimited सपने पूरे, दोनों पेज को ध्यान से पढ़ें और बाद में Limited Statement पर cross कर दीजिये।

बस अब आपकी unlimited सोच आपके unlimited सपने पूरे करने में आपकी मदद करेगी और आपके Brain को Reprogramme करने में भी, अब आगे बढ़ते है और जानते है बचत करने की सामाजिक Programming जिसने हमें आगे नहीं बढ़ने दिया।

Chapter 2

बचत की सीख

**"पैसे बचाने पर ध्यान मत दीजिये
बल्कि
ज़्यादा कमाने पर ध्यान दीजिये"**

दोस्तों सात वर्ष की थी मेरी बच्ची जब मुझे मेरे पति छोड़कर चले गए थे और आज मेरी बेटी 17 वर्ष की हो गयी है और पिछले 11 वर्षों से एक ही उद्देश्य था मेरा, बेटी को घर अच्छा दो और अच्छे स्कूल में भेजो, मैं आपको बताना चाहूंगी कि यहाँ मेरा अच्छे से मतलब है महंगा घर, महंगा स्कूल, जिसे अगर कोई भी practical व्यक्ति या समझदार व्यक्ति सुनता था तो उस वक़्त मैं हर किसी को बेवकूफ लगती थी, 70000 की salary में 25000 का घर का किराया और 20000 rupess की Witty International School की Fees और फिर बचे पैसों में बिजली का बिल, फ़ोन का बिल, internet का बिल मेरे office आने जाने का ख़र्चा ये सब pay करने के बाद Bank में बचत के नाम पर कुछ नहीं बचता और कई बार Salary अगर समय पर नहीं मिलती तो हर महीने के खर्चे सर पर होते, मकान मालिक को इस बात से फ़र्क़ नहीं पड़ता कि मैं Single Parent हूँ बच्ची को अकेले बड़ा कर रही हूँ, या Salary वक़्त पर नहीं आयी, वह घर आकर ये भी सुनाकर चली जाती कि

औकात नहीं है बड़ा घर या अच्छे घर में रहने की, तो लेते ही क्यों है अच्छी society में घर।

मैं क्या बताती कि मैं हमेशा से ही अच्छे घर में रही हूँ तो कैसे मुंबई की Chawl में शिफ्ट हो जाऊँ क्योंकि बचत करनी है, क्योंकि Mumbai की Chawls का Rent ही 10000 rupees से शुरू होता है, थोड़ा वक़्त बुरा आये इसका मतलब ये नहीं की आप अपने Standard ही बुरे कर लो, कुछ लोगों ने कहा तुम Flexible नहीं हो, तुम्हारा Attitude बहुत है, हर कोई चाहता था कि अकेले बच्ची को बड़ा कर रही हो, तो झुकना सीखना चाहिए, परिस्थितियों से समझौता करना चाहिए, पर दोस्तों ये सब समझाने वाले व्यक्ति समाज के वही साधारण व्यक्तित्व के थे जिनकी साधारण सोच थी पर मैं तो थी ही बहुत असाधारण कैसे साधारण बातें या सुझाव सही लगते, कभी नहीं सुनी, सुनी तो फिर अपनी ही सुनी अपनी ही मानी अच्छे घर में और अच्छे स्कूल में Invest करना है बच्ची के लिए।

ये बहुत ही Clear था मेरे दिमाग़ में कि किसी रात बच्ची खाली पेट सोयी है तो खाली पेट सोना उसका नुक़सान नहीं करेगा पर मस्तिष्क खाली हो या उसे सही विचारों या ज्ञान का भोजन न मिले तो वह इतना बड़ा नुक़सान करता है कि उसकी भरपाई में बहुत वक़्त लगता है और पूरी जिंदगी निकल जाती हैं, और उस नुक़सान की भरपाई हम कभी नहीं कर पाते।

अच्छी शिक्षा और ज्ञान के परिणाम मैंने देखे थे तो बहुत ही Clear था मेरा Goal, बच्ची को अच्छी शिक्षा देनी है, उसके मस्तिष्क को अच्छा भोजन मिले वह ज़रूरी है और इसीलिए बच्ची को सही संगती और सही शिक्षा मिलनी ही चाहिए और मैं बहुत अच्छी तरह से जानती थी की हर अच्छी वस्तु, Quality

Service और व्यक्ति का एक price होता है जिसे मैं pay करने को तैयार थी अपनी बेटी के भविष्य के लिए।

आज वही व्यक्ति जिन्होंने मेरे फैसलों पर ऊँगली उठायी थी कि मैं फिजूलखर्ची करती हूँ आज Apple मेरी बेटी के व्यक्तित्व से प्रभावित होते है जिसमे उन सारे schools का योगदान है जहाँ से बच्ची ने सही शिक्षा सही Attitude और बड़ी-बड़ी बातें सीखी, एक life style देखा जो बड़े व्यक्तित्व का होता है और Law of Attraction के Force को हम समझ चुके है कि हम अपने मस्तिष्क को जो दिखाएंगे जो सुनाएंगे वही Create होगा और वही हुआ।

आज मैं और मेरी बच्ची वही ज़िन्दगी जी रहे है जो कभी हमारी हैसियत नहीं थी साधारण लोगों की नज़र में, आज वही साधारण व्यक्तित्व के व्यक्ति वही साधारण ज़िन्दगी जी रहे है और कई बार मुझसे और अगर मेरे पास वक़्त नहीं है तो मेरी बेटी से मिलने का वक़्त मांगते है जिस से वह अपने जीवन को बेहतर कर सकें।

दोस्तों, मैंने नहीं सुनी अपने दोस्तों की बातें, बचत नहीं की भविष्य या बुरे वक़्त के लिए बल्कि वक़्त कैसा भी था पर मैं जानती थी वक़्त बदलने कि लिए आज पैसा invest करना है, क्योंकि Returns हमेशा Investment से ही आते है और आज नाज़ है मुझे अपने फैसले पर एक अद्भुत समझदार बेटी के रूप में जो Returns मिले है मेरी Investement के।

पर एक बात जिसका मैंने ख़्याल रखा अपनी बेटी के बाल मन का, मैंने सारे खर्च हमेशा अपनी बेटी के साथ मिलकर उसको बताकर किये है, उसे समझाया करती थी कि कभी खाली

पेट अगर सोना पड़े तो सोयेंगे कोई बात नहीं पर अच्छे घर के Rent में पैसा देना ज़्यादा ज़रूरी है, दो जोड़ी कपडे पहनेंगे कोई बात नहीं पर इस वक़्त अच्छे स्कूल में जाकर पढाई अच्छे भविष्य के लिए बहुत ज़रूरी है इसलिए अगर मैं आपको खिलोनो के लिए पैसा न दे पाऊँ, अच्छे कपडे न दिला पाऊँ, छुट्टियों में घूमाने न ले जा पाऊँ तो आप समझना मैं बचत नहीं कर पा रही क्योंकि अच्छे स्कूल की Fees और अच्छे घर का किराया मेरी Salary के हिसाब से नहीं है पर आपको अच्छे school में भेजना Quality life और Quality school के लिए जो भी पैसा हम ख़र्च कर रहे है उस से बचत संभव नहीं है और कई लोग जो इसे Overspending कह सकते है ये मेरे लिए और हमारे लिए Investment है हमारे भविष्य के लिए।

मेरी 8 साल की बच्ची Apple हमेशा माँ की बात समझ जाती और हाँ में सर हिला देती उसे पूरा भरोसा था अपनी Mom पर और Mom के फैसलों पर और वह कभी ज़िद नहीं करती कि हर बच्चा Summer Vacation में घूमने जाता है हम क्यों नहीं जाते क्योंकि वह जानती थी की Mom बचत नहीं कर पा रही हैं।

क्योंकि उसकी Mom को खर्चे, बचत और पैसे का सही निवेश पता था। क्या फ़र्क़ पड़ता है Savings account में कभी 100 rupees भी नहीं बच पाते पर उस Investement से मैंने भविष्य बनाया अपनी बच्ची को सही समझ देकर कि आज वह कंधे से कन्धा मिलाकर मेरे साथ मेरे काम को भी समझती है और उसी legacy को आगे भी बढ़ा सकती है।

मुझे आज भी याद है बचत न कर पाने की वज़ह से कभी salary समय पर न मिलती और फिर किसी दोस्त या रिश्तेदार

से पैसे की मदद मांगती तो यही सुनने को मिलता कि तुम इतना कमाती हो पैसा बचाती क्यों नहीं, तुम कुछ बचत नहीं करती, तुम पैसा बहुत उड़ाती हो, तुम एक litre दूध की जगह उसे आधा litre क्यों नहीं कर लेती, तुम Cook क्यों नहीं हटा देती, तुम Auto की जगह बस में travel करना शुरू कर दो।

पर दोस्तों अनजाने में ही सही में Law of Attraction के नियम follow कर रही थी, समझौता नहीं किया अपने Living Standard से Quality Services से और नतीजा आज सबके सामने है।

दोस्तों हमें बचत की परिभाषा ही नहीं पता, दुनिया कहती है बचत करो कल के लिए, बुरे वक़्त के लिए, Save for Rainy Days पर बुरे वक़्त के लिए बचत करने से अच्छा है जितना है आज Invest करो उसी पैसे को कि Rainy days ज़िन्दगी में आये ही नहीं।

"क्योंकि बुरे वक़्त की सोच से बचाया गया पैसा जाने अनजाने में बुरा वक़्त ला भी देगा और हम कभी समझ नहीं पाएंगे बल्कि फिर भी अपनी सोच को शाबाशी देंगे कि देखा न आज मेरी बचत काम आ गयी जो मैंने बुरे वक़्त के लिए बचा कर रखी थी।"

अब तो सफ़र में मुझे और मेरी बेटी को लगभग 11 वर्ष हो गए पर आज पीछे मुड़कर देखती हूँ तो ऐसा लगता है कि अगर 25000 rupees किराये वाले की बजाय मुंबई में one room kitchen या chawl में रहकर 10000 किराये वाले घर में हर महीने 10000 rupees की बचत कर पाती 20000 rupees की जगह 2000 rupess की फीस वाले स्कूल में भेजकर भी

ज़्यादा बचत कर पाती पर क्या वह बचत कहलाती या फिर अपने और अपनी बच्ची के भविष्य के साथ खिलवाड़?

मेरा कहने का मतलब ये नहीं कि कम फीस वाला स्कूल अच्छा नहीं या chawl में रहना बुरा है, ये Personal Choices है हर व्यक्ति के Living Standards और उसके Dreams and Desires के अनुसार।

अब सवाल ये है कि क्या बचत सही नहीं या Budget बनाना सही नहीं, तो चलिए इस Budget के विषय पर भी चर्चा कर लेते है मेरी नज़र से।

Chapter 3

बजट की सीख

"पैसा है पर बजट नहीं"

दोस्तों ये ऐसी स्थिति है जिस पर अगर आपने जीत पा ली तो आप अपनी पैसे को लेकर Frequency को आसानी से बढ़ा सकते है, किसी के लिए ये बेवकूफी भरा क़दम हो सकता है पर मेरे लिए ये Money Frequency को बढ़ाने की Technique है जो मेरे बहुत काम आयी, मैं सही और ग़लत में नहीं जा रही हूँ बल्कि मैं अपना अनुभव बताना चाहती हूँ जो मेरे लिए काम किया वही मेरा सच भी हैं और मेरे लिए सही भी है, आप एक बार अपने पैसे की कमी, कम Bank Balance के Fear को निकाल कर एक बार करके देखे, फ़र्क़ ज़रूर दिखेगा और फ़र्क़ दिखे तो इसे ही सही समझे।

आप सब जानते है मैंने हमेशा ही अपने अनुभव को आपके साथ शेयर किया है अपनी पहली Book "40 से 40 करोड़" YouTube channel पर, कई videos में या webinars में, यहाँ भी आपको अपने ही अनुभव से मिले हुए विश्वास की वज़ह से कह पा रही हूँ कि ये वाक़ई में मेरे लिए कारगर सिद्ध हुआ तो बिना देर किये मैं आपको बताना चाहूंगी।

पैसा ख़र्च करते समय ये न देखे बजट है या नहीं सिर्फ़ ये देखे जिस भी काम पर आप पैसा ख़र्च करना चाहते है उस वक़्त आपके पास उतना पैसा है या नहीं।

कुछ लोग सोचते है या कहते है बजट भी तो सोचना पड़ेगा पर बजट के बारे में सोचने से ही तो ये ख़्याल आता है Abundance में नहीं है, बेहिसाब नहीं है, ज़रूरत से ज़्यादा नहीं है।

और जैसे ही ये ख़्याल आता है, ख़्याल के साथ वही Feeling आती है और वही Feeling ही तो है जो आपको वह बनाती है जो आप की भावना है, "Feeling is the Secret"।

अगर feeling कमी की है, ज़रुरत से ज़्यादा नहीं है कि Feeling है, बजट में रहने की है इसका मतलब यही है कि हमारे पास उतना नहीं है और फिर उतना कभी हो ही नहीं पाता।

मैं भी ऐसी ही थी, बजट देखकर ख़र्च करना, ख़र्च करके उन खर्चों को लिखना ये जानने के लिए कि मैंने बजट के बाहर तो ख़र्चा नहीं किया पर ये सब करने के बाद पैसा तो नहीं आया, और बजट की सीमा के उस पार कभी नहीं जा पायी जहाँ बजट न देखना पड़े।

सबसे अच्छा तरीक़ा है ज़िन्दगी बदलने का कि कई वर्षों से चल रहा Formula काम न आये तो Formula बदल लीजिये, मैंने भी Formula बदला, पिछले तीन वर्षों से बजट है या नहीं देखना बंद किया, उस वक़्त की जो ज़रूरत है, उस पल की, उस Now में जो ज़रूरत है और उतना पैसा अगर मेरे पास है तो मैंने ख़र्च करना शुरू कर दिया और मैंने देखा कि उसी वक़्त

वही पैसा वापस भी आया और ऐसा एक बार नहीं, बार-बार हुआ और मुझे यक़ीन हो गया शायद यही सही है।

और मैंने फिर इस Formula पर काम किया, कई बार हिचकिचाहट होती थी क्योंकि 10 वर्षों से Middle class वाली मनस्थिति थी और परिस्थिति भी Middle class वाली ही रही।

"पर अब Apple मेरी बेटी ने हिम्मत देनी शुरू कर दी"।

अगर वक़्त की ज़रूरत है और ज़रूरत के हिसाब का पैसा है तो वक़्त की ही ज़रूरत पर ख़र्च करो क्योंकि हो सकता है ये वक़्त ज़िन्दगी में दोबारा न आये और बस वक़्त पर वक़्त की ज़रूरतों का ख़्याल किया और मेरा वक़्त बदल गया।

तो दोस्तों मैंने वक़्त की कद्र की Budget की नहीं और यही वक़्त कहता है और यही कई बड़े-बड़े Authors ने कहा है और यही कहता है आपका ये पल।

पिछला पल जा चूका है अगला पल आया नहीं और मैंने आपको बताया है इस पल के महत्त्व को और बस अपने इसी पल की ज़रूरतों का मैंने ध्यान रखना शुरू किया और पिछले दो वर्षों से जितना Bank Balance मैंने बनाया, पिछले 17 वर्षों में नहीं बना पायी और एक वर्ष में बिना बजट देखे ख़र्चा भी किया और पैसा भी बचाया।

ये बात मैं आपको इतने Experiment के बाद, Proven system के साथ कह रही हूँ, पैसे की Frequency अगर अच्छी रखी है, Abundance की Feeling के साथ आखिरी 100 रुपया भी ख़र्च कर दे तब भी पैसा आपके पास आएगा क्योंकि पैसा Savings account से या Budget से नहीं आता पैसा Energy है और अच्छी Energy से ही आता है।

पर ध्यान रखे ये मैं उन Readers को suggestion दे रही हूँ कि मेरी बात मानकर आपने ख़र्चा किया, आपका आखिरी 100 रुपये भी ख़र्चा कर दिया और फिर ये डर भी आ गया अरे मैंने कहीं ग़लत तो नहीं किया तो आपका ये Brain आपको न केवल ग़लत किया है, का यक़ीन दिलाएगा बल्कि पैसे की कमी देकर ये Proof भी कर देगा कि आपने बड़ी गलती कर दी, आपको बजट से ही चलना चाहिए था।

दोस्तों फिर भी मैं आपको एक विश्वास के साथ कहूँगी बिना Fear के बिना Budget के पैसे के Flow को बनाये रखे, पैसा एक energy है और इसका Nature है Easy Flow.

मुझे आज भी याद है 11 jan 2021 में हमारे घर एक couple आया था डिनर के लिए और जब मैं खाना order कर रही थी मेरे बैंक में मात्र 1491 rupees बचे थे पर अतिथि देवो भव: की भावना से उस वक़्त की ज़रूरत थी कि उस वक़्त का अच्छे से ख़्याल रखा जाए और मैंने Dinner आर्डर किया, अच्छे से उन्हें भोजन कराया और जब मैं Dinner के बाद छोड़ने गयी तब तक 7487 Rupees बैंक में credit हुआ जो ये मेरे लिए बहुत बड़ा proof था कि पैसे का flow होने दीजिये और Frequecy में Drop नहीं आना चाहिए, क्योंकि मैं खुश थी, पैसे को जकड कर नहीं रखा वक़्त की ज़रूरत थी और ज़रूरत के हिसाब का पैसा था, वक़्त का ख़्याल रखा, वक़्त ने मेरे वक़्त का ख़्याल रखा।

दोस्तों यही है पैसे की Energy, कहते है अगर आपको ज़रूरत है और अगर पैसे के होते हुए ये सोचेंगे या कहेंगे कि पैसा नहीं है या फिर उस ज़रूरत के लिए पैसा होते हुए भी उसका इस्तेमाल नहीं करेंगे इसका मतलब आप पैसे को रोक

रहे है उसकी Energy को Stuck कर रहे है और Feeling रख रहे है पैसा नहीं है।

ये अपने आप में पैसे को Dishonur करना है उस पैसे को जो आपके पास है और अगर हम पैसे को ऐसे Dishonour करेंगे चाहे कोई भी रूप हो, आप कैसे उम्मीद रख सकते है वह पैसा आपके पास रहना चाहेगा या आना चाहेगा।

क्योंकि पैसे को हम पैसे या currency की नज़र से देखना छोड़ दे और सिर्फ़ Energy की तरह ही हमारा बर्ताव होगा तो Energy को जो energy भेजेंगे energy वैसे ही Respond करती है और हमने कई बार पैसा होते हुए ये कहा है कि पैसा नहीं है, पैसा कम है, पैसा सारी मुसीबतों की जड़ है, पैसा ख़त्म हो गया, पैसा कम हो रहा है, पैसा बुरे वक़्त के लिए बचा के रखो, ऐसा कहने से पैसा बचेगा या नहीं पर बुरा वक़्त आने में वक़्त नहीं लगेगा।

मुझे याद है एक बार Intuition आया कि हीरे की अंगूठी मुझे पहननी चाहिए आप सब जानते है कि मैं अक्सर बल्कि हमेशा ही अपनी Intution पर काम करती हूँ, फ़ौरन अपनी बेटी को कहा चलो Diamond Ring की Virtual shopping करने चलते है और जब मैं Diamond Showroom पर गयी पूरे Attitude के साथ उन्हें Diamond Ring दिखाने को कहा।

वैसे तो मैं और मेरी बेटी सिर्फ़ Virtual Shopping के लिए गए थे पर जब उन्होंने Bill दिखाया तो मैंने Apple मेरी बेटी को पूछा, सच में ले-ले क्या, Apple ने कहा ले लो, मैंने कहा पर बजट नहीं है, Apple ने मुझसे पूछा पैसा है या नहीं, मैंने कहा पैसा तो है।

Apple ने कहा तो फिर ले लो, Apple ने मेरी झिझक ख़त्म कर के मेरा Fear कम किया, थोड़ा confidence दिया और मैंने ले लिया, मेरा वाक़ई में न तो बजट था और न ही मैं खरीदने के विचार से गयी थी और पहली बार ज़िन्दगी में मैंने अपने लिए Diamond Ring ली। अपनी बेटी को पहली बार Diamond Earring भी दिलाये और अपने लिए भी लिए।

सच बताऊ दोस्तों Budget नहीं था फिर भी ख़र्चा किया और इस खर्च ने मेरा बजट तो नहीं बिगाड़ा पर उसके तीन महीने में एक Platinum, एक Diamond और दो सोने कि रिंग और भी आयी हाथों मे।

यही है सच पैसे का, पैसा बजट से नहीं आता पैसा frequency और vibration मैच होती है पैसे से, तो पैसा ख़ुद आएगा।

आप एक बार दिल बड़ा करके कुछ बड़ा ख़र्चा कर लीजिये, बड़े लोगों की तरह बड़ी बड़ी आदतें तो बनाइये, बड़ी-बड़ी बातें कीजिये हम सच में बड़े हो ही जाएंगे।

एक वक़्त ऐसा था बिजली का बिल भरने के लिए भी कई बार पैसा नहीं होता था पर आज दो घरों का बिजली का बिल Pay करती हूँ।

ये है मेरी Success, जब समझ आया कि पैसा बजट देखकर नहीं वक़्त की ज़रूरत देखकर खर्च करना चाहिए। दोस्तों ये एक Scientific Process है, आपके Brain की। आप ये बताइये Brain को कि मैं ये ले सकती हूँ। "I Can Afford It," शुरुवात कीजिये आज से अभी से।

Virtual shopping के लिए जाए और हर महंगी वस्तु या Product को देखकर कहे मैं ये ले सकती हूँ, धीरे-धीरे आपके Brain को ये Command मिलेगा और आपके Brain में वह Circumstances बनने शुरू हो जाएंगे।

ये आपका Brain ही है जो आपको सब Create करके देता है आप उससे काम करवाते कहाँ है।

आगे के Chapter में आपको Virtual Shopping के बारे में विस्तार से बताउंगी पर उसके पहले Budget के बाद थोड़ी ब्याज की सीख को भी अच्छे से समझ लेते है क्योंकि दोस्तों

करना क्या है ये सबको पता होता है पर क्या नहीं करना है, कैसा नहीं सोचना है, सही मार्गदर्शन वही से शुरू होता है।

Chapter 4

ब्याज कि सीख

**जरुरत के वक़्त ही जरुरत पूरी होना जरुरी है
ब्याज तो सिर्फ कृतज्ञता का रूप है**

"ब्याज" एक ऐसा शब्द है जो Tension लेकर आता है उसके लिए जो ब्याज देता है और राहत लेकर आता है उसके लिए जो ब्याज लेता है। तो सबसे पहले हम इस शब्द कि गरिमा को समझे जो कि अपना असली Grace खो चुका है समाज में, और समय के साथ-साथ समाज ने हमें ब्याज कि ग़लत सीख दी जिस वज़ह से आज कई परिवार कर्ज़ में डूबते जा रहे है।

आज पैसे पर इतनी बात कर रही हूँ मैं सिर्फ़ इसलिए क्योंकि ग़लत सोच और ग़लत सीख की वज़ह से ही हम उतने Prosperous नहीं हो पाते। हम अगर हर बात, हर चीज़ हर व्यक्ति और हर situation को देखने का नज़रिया बदले तो हमारी नज़र में बेहद सरल ज़िन्दगी आने में न तो कोई कठिनाई होगी न परेशानी।

दोस्तों मैंने अक्सर देखा है कई परिवार Home Loan लेते है, Car Loan, कभी Personal loan तो कभी business loan और कभी बच्चे या माता पिता Education Loan लेते

है और तो और Travel Loan भी आजकल हमारे जीवन का हिस्सा बन गया है, हमें जब भी कोई Product चाहिए और हम उतना पैसा नहीं ख़र्च कर सकते तो हम Extra मदद लेते है Banks से या Finance Companies से तो कभी Money Lenders से भी, हम बहुत मशक्कत करते है loan के लिए यानी की इस मदद के लिए।

पर जब मिल जाता है आपकी ज़रूरत उस से पूरी हो जाती है वैसे ही हम बजाय उस बात के लिए खुश हो या उस मदद करने वाली institution को Thanx कहे, हम Human फ़ौरन ब्याज दर को लेकर Complain शुरू कर देते है, हर बार और बार-बार उसे कोसने लगते है कि बहुत ब्याज लग रहा है, आजकल लोग कितना ब्याज लेते है, सारा पैसा ब्याज में जा रहा है और बस यही से असली गड़बड़ शुरू होती है जब आप Ungrateful होने लगते है।

जब हम ब्याज को बोझ समझने लगते है तो ब्याज ही बढ़ेगा न, बजाय इसके कि आप कृतज्ञ हो जाए उस व्यक्ति या संस्था के लिए जिसने आपको वक़्त पर पैसे कि सहूलियत देकर आपके काम को आगे बढ़ाया। जब आप कृतज्ञ होंगे और ब्याज को Return gift कि तरह देखेंगे कि किसी ने आपको मदद की और उसे Thank you कहना है Extra पैसा देकर, आपके Mindset से ब्याज का बोझ ख़त्म हो जाएगा और आप सोच सकते है कि आप पैसे वाले है और जो आपके काम आते है आप उन्हें ऐसे ही पैसा देते है Thank you बोलकर।

यही तो wealthy व्यक्तित्व कि पहचान है और आप को ऐसा ही सोचना है, ऐसा ही करना है और यही सोच से आपके Wealthy होने की शुरुवात हो जायेगी।

क्या वाक़ई ऐसा होता है? इस सवाल के जवाब में आप अपने Brain को इस proof के साथ बताएँ जो मैं आपके साथ शेयर कर रही हूँ,

कि 26 रुपये का Bank बैलेंस दो महीनो का किराया और landlord के phone calls.

हाथ में job नहीं और फिर लाखों की सफलता और करोड़ों की खुशियाँ बहुत पुरानी बात नहीं है 2021 जून से अब तक का सफ़र और सफलता का पूरा श्रेय मेरी सही सोच, बदली सोच, नए नज़रिये ने सब कर दिखाया, अभी भी आपको लगता है संभव नहीं तो करके देखिये जब मैं कर सकती हूँ 47 वर्ष में तो आप भी कर सकते है, यूनिवर्स Infinite है और आप unlimited.

Chapter 5

फिज़ूलखर्ची न करें की सीख

**जरुरत और हिसाब से लेना ही तो मध्यम वर्गीय सोच है
बेहिसाब लिया तभी तो अपनों में बाँट पाए**

दोस्तों एक बात जिसका हमारे परिवार वालों ने बहुत ख़्याल रखने को कहा है और हमेशा कहा जाता है कि फिज़ूलखर्ची न करें और ये शब्द अक्सर हमें तब कहा जाता है जब हमें ज़रूरत एक की हो और हम एक की जगह दो ले या ज़रूरत से ज़्यादा ले।

ये सब फिज़ूलखर्ची है, हमें बहुत सुनने को मिलता है जब हमारे घर अक्सर कपड़ो के लिए कहा जाता था कि ज़्यादा लेंगे तो फ़िज़ूलख़र्ची है, shoes एक pair काफ़ी है, जब तक वह फट न जाए तब तक नया लेना फ़िज़ूलख़र्ची है, एक से ज़्यादा वस्तु अगर variety के लिए लेना है तो हमारे बड़ों के लिए वह फ़िज़ूलख़र्ची होता है और वही Programming हमें दे दी जाती है।

हर चीज़ ज़रूरत से ज़्यादा लेना फ़िज़ूलखर्च है पर वही फिज़ूलखर्ची Wealthy Class के लिए Abundance होती है और शायद इसीलिए वह Abuntant और Wealthy होते है।

फ़िज़ूलख़र्ची कहकर पैसे बचाने वालों को मैंने अक्सर साधारण ज़िन्दगी और Limited ज़िन्दगी ही जीते देखा क्योंकि

Abundance का Game तो फिज़ूलखर्ची शब्द से ही होता है, जो साधारण व्यक्ति के लिए फ़िज़ूलखर्च वह Wealthy Personality के लिए Abunadnace और Prosperity कहलाता है।

"करोड़ों कि बातें" हमें Wealthy होने के रास्ते दिखा भी रहा है और उसी रास्ते पर चलना सिखा रहा है तो अब फ़िज़ूलखर्ची के शब्द को हमें भूलना होगा और एक नयी आदत अपनाना होगी, कोशिश करें जब भी कुछ ले ज़रूरत से ज़्यादा मात्रा में ले ये आपको Abundance का एहसास कराएगा।

ये न सोचे कि Waste होगा, ध्यान रखिये इस ब्रह्माण्ड में कुछ भी Waste नहीं होता Wealthy लोगों का Waste किसी के लिए उसका Treasure या ज़रूरत हो सकती है।

एक बात ध्यान रखिये ये प्रकृति अपने आप में बहुत ही organised है सब कुछ organised है यहाँ, हम Human को लगता है हम Create कर रहे है या Waste कर रहें है पर प्रकृति सबका ख़्याल रखती है कुछ भी Waste नहीं होता है यहाँ सब कुछ Recycle होता है तो आप बेधड़क होकर Abundance में वस्तु लेने कि आदत शुरू करें, छोटी-छोटी वस्तुओं से आदत शुरू करें धीरे-धीरे आप देखेंगे आप दुनिया के लिए खरीददारी कर रहें है और वह भी बिना Bank Balance देखे।

इतनी Abundance होगी आपके जीवन में, बस इस फ़िज़ूलख़र्ची के ग़लत शब्द से दूर रहें। ये सब मैंने किया है तभी आपको कह रही हूँ कीजिये शुरू कीजिये।

मेरे अनुभव है जब एक Toy Car Apple को दिलाने में दस बार सोचती थी और अब रास्ते में रोते हुए बच्चे को चार

Toy Car दिला देती हूँ, अपने लिए कभी Brands नहीं ले सकी थी और अब परिवार के लिए America से Branded Shopping कर पाती हूँ जहाँ डर नहीं होता कि पैसा कम हो रहा है, 44 वर्षों तक कभी International Trip नहीं कर पायी पर अब अकेले नहीं, टीम को भी लेकर जाती हूँ।

Abundance और Prosperity साथ में ही रहती है मेरे, कोई डर नहीं, कोई Insecurity नहीं।

क्योंकि जब आपको ये समझ आता कि Wealth Create की जाती है तो कैसा डर, कैसी असुरक्षा देने में, शेयर करने में ख़ुशी मिलती है।

क्योंकि जब ब्रह्मांड Unlimited है तो हम क्यों Limit तय करें हमारी एक या दो पर, बहुत सारा क्यों नहीं?

करके देखिये ख़ुद समझ आएगा।

और इसकी शुरुवात करते है "करोड़ों की बात से", मुझे पूरा यक़ीन है आपने एक ही ली होगी तो क्यों न एक और ख़रीदे अभी Order कीजिये फिर आगे बढिये और Book लेकर घर पर ही रखिये, ब्रह्माण्ड स्वयं आपको उसके Reader से मिलवा देगा तब उसे दे दीजियेगा।

इस Book का फायदा तभी होगा जब आप वह करेंगे जो मैंने बताया है क्योंकि ये सब मैंने किया है, Proven Method है तभी शेयर कर रही हूँ आपके साथ।

Chapter 6

जितनी चादर उतने पैर पसारो की सीख

"आपकी सोच से बड़े जब आपके ख़्वाब होंगे
चादर से पैर आपके तभी बाहर होंगे"

बचपन से ये एक बात हमने न जाने कितनी बार सुनी है, "चादर देख कर पैर पसारो", जब भी कभी हमने बड़ी बात की या बड़े सपने देखे हमें रोक दिया गया, हमें टोक दिया गया, हमें हमारी हैसियत बता दी गयी, कई बड़े पैसे वाले Rich Class ने, तो कभी हमारे ही घर और आस पास के रिश्तों ने।

"चादर देखकर पैर पसारो कहकर हमें हमारी limitations बताई गयी है"।

और हम अपनी Limit में रहने लगे बिना उस बात का मतलब जाने और बगैर ये समझे कि ये बात हमारे लिए अपनाना सही भी है या नहीं हमने अपने आपको न ठीक से जाना न परखा कि हम कितनी ऊँची उड़ान भर सकते है, हम उड़ पाए उस से पहले पंख ही काट दिए।

जी हाँ थोड़ा कड़वा है ये शब्द लेकिन सच्चाई यही है क्योंकि बिना किसी भी व्यक्तित्व की पहचान किये उसे कुछ कर दिखाने का मौका दिए बगैर ही उसे उसकी Limit बता कर

उसके Subconscious Mind के साथ ऐसी seedning पंख काटने जैसी ही है।

"अपनी चादर देखकर पैर पसारो" कभी किसी अमीर ने गरीब से कहा, तो कभी किसी Merit Holder ने अपने Fellow Student को कहा जब किसी Average Student ने Merit में आने की बात सोची या कही, कभी किसी Doctor ने उस बच्चे को कहा- तुमसे नहीं हो पायेगा। जो डॉक्टर बनने के बड़े सपने देख रहा है, तो कभी किसी बड़े Business man ने एक नौजवान जो की बड़े Business के सपने देख रहा है उसे कहा।

कहीं न कहीं ये बात कइयों ने कइयों से कही।

कभी जानकर कभी अनजाने में तो कभी Advice देने के माध्यम से आपके Subconscious Mind में ग़लत बीज बो दिए गए, हम Human कभी नहीं समझ पाते कि हमारे साथ जो भी अनुभव हो रहा है वह अनजाने में ग़लत बातें और विचार यानी ग़लत बीज की फ़सल है।

ये हुआ है और कइयों के साथ हुआ है, मेरे साथ हुआ है और मैं विश्वास के साथ कह सकती हूँ आपको भी कभी न कभी किसी ने ये कहा ही होगा।

काश किसी ने ये कहा होता चादर बड़ी करो पर पैर पूरे पसारो, पूरी ज़मीन तुम्हारी है पूरा आसमान तुम्हारा है बड़े सपनो के पंख भी बड़े होते है जितनी चाहे उड़ान भरो।

तो दोस्तों अभी भी बहुत लम्बी ज़िन्दगी है, वक़्त भी हमारा है सपने भी हमारे, आज से वादा करें अपने आप से"पैर फैलाएंगे अच्छे से पैर पसारिये चाहे चादर ही क्यों न बड़ी करनी पड़े"। ये ज़िम्मेदारी हमें ही लेनी होगी।

क्योंकि सबसे दुःख निराशा की बात ये है जब ये बात हमें हमारे ही घर वाले, रिश्तेदार दोस्त या आसपास के लोगों ने कही, फिर बड़े होते गए तो कई पैसे वालों ने भी ये बात कही और Specially मुझे तो ये बात समझ आयी जैसे कि ये पैसे वालों की ही बनाई हुई साज़िश थी जिस से कोई गरीब व्यक्ति पैसे वाला न हो।

क्योंकि हर व्यक्ति के पास ज़रूरत से ज़्यादा पैसा हुआ तो Labour Class ही ख़त्म हो जाएगा इसलिए कई बार पैसे वालों ने हमारे Mind में ये बात डाल दी "यही आपकी हैसियत है और अपनी हैसियत से ही बात करो" बड़े सपने तुम्हारी पहुँच के बाहर है।

ऐसा मैं इसलिए कह पा रही हूँ कई नियम काफ़ी वर्षों से बने हुए है जब बनाये थे तो शायद किसी पैसे वाले ने ही सही सलाह देने के लिए शायद कह दिया हो।

अगर कम पढ़ा लिखा व्यक्ति या कोई गरीब व्यक्ति बड़े होने के सपने देखेगा और पूरे नहीं हुए तो उसे दुःख होगा इस विचार से भी हो सकता है किसी न किसी ने ये बात कही हो और फिर ये एक वाक्य बिना सोचे समझे सब कहने लगे, मानने भी लगे और तय कर ली अपनी Limits "जितनी चादर हो उतने ही पैर पसारो" और हम ने नहीं देखा कि पैसे वाले व्यक्ति ही चादर जितना पैर नहीं फैलाते, क्योंकि Credit Card पर Car, घर, Travelling ही नहीं शुरू होती अगर पैसे वालों ने भी इस बात का ख़्याल किया होता। वह भी तो अपनी Limit से ज़्यादा Credit Limit लेकर अपने सपने पूरे कर रहे है

दोस्तों मैं यह नहीं कह रही कि जितना हो उस से ज़्यादा ख़र्च कीजिये पर ज़्यादा ख़र्च करने की सोच में तो कोई बुराई नहीं।

बड़े सपने देखने का हक़ सबको है, अपनी वर्तमान स्थिति से Future तय मत कीजिये। भविष्य में कुछ भी हो सकता है और मैंने किया है अगले section में आपके साथ शेयर करूँगी कुछ वह आदतें जो मैंने अपनाई, Practice की और अपनी पैसे को लेकर पूरी Situation बदल दी।

दोस्तों बड़ा सोचिये, बड़े सपने देखिये बड़ी बातें कीजिये, अपनी चादर बड़ी कीजिये पैर मत समेटिये चादर के size की वज़ह से।

हमें कभी भी किसी ने नहीं सिखाया नयी चादर बनवाइए अपने सपनो की।

ये संभव है, ब्रह्माण्ड में सब कुछ है आपको देने के लिए आप मांग कर तो देखिये।

Section 3

मेरी समझ और मेरी सीख

10 वर्षों तक Struggle पैसे के लिए, काम के लिए, घर में बेटी को सँभालने के लिए, बहुत Struggle रहा पर फिर जब struggle ख़त्म हुआ तब मैं काफ़ी हद तक समझ गयी कि जीवन में Struggle आपकी सोच से आता है और अपने जन्म से लेकर आज तक जितनी भी सीख जितना अनुभव, गुरूजी की मिली सीख, बड़े-बड़े Author की किताबों और ज्ञान से मेरा एक अनुभव और तब जाकर तैयार हुआ "करोड़ों की बातें" Webinar और उस Webinar से मिले अनुभव से एक और अनुभव मिला जिसे मैं आप सबके साथ शेयर कर रही हूँ इस Book के माध्यम से।

मेरी सीख और मेरी समझ आपको हेल्प कर सकती है कहीं न कहीं ज़िन्दगी को और पैसे को समझने में, मैं ये नहीं कहूँगी कि ये कोई Tehnique है या बिलकुल Proven method है जिस से रातों रात ज़िन्दगी बदली जा सकती है।

बल्कि ये मेरे अनुभव है और मेरी धैर्य की यात्रा है जिसमे मैं धीरे-धीरे सही आदतें अपनाती गयी, सोच बदलती गयी और अचानक एक दिन सारे Results मेरे सामने थे एक बड़े बदलाव के साथ मेरी ज़िन्दगी में।

बस अपनी सीख और समझ के कुछ अनुभव आपके साथ अगले Section में शेयर कर रही हूँ और विश्वास है मुझे जिस तरह मेरी पहली Book 40 से 40 crore से आपने जीवन में बदलाव महसूस किया ये Book एक और बड़ा बदलाव लाएगी आपके Better Version का।

हर एक बात, Tips और Technique मैंने जिस भावना से की वह सब बहुत मायने रखता है।

तो दोस्तों Next Section के हर Chapter को Emotions के साथ ही पढ़े समझे और उसमे अपने Emotions मिलाएंगे तो दुनिया आपकी है।

Brain के Thoughts और Body के Emotions जब एक Rhythm में होंगे तब आप कर पाएंगे अपनी हर Desire को Manifest.

तो चलिए शुरू करते है कि किस तरह एक बहुत बड़ा बदलाव और Magical तरीके से आया बदलाव मेरी Financial condition में और मैंने पायी Financial Freedom, तीन दिन का कमाल था जब मैंने मांगी पैसे से माफ़ी।

Chapter 1

पैसे से माफ़ी "Ho' oponopono" Prayer

पैसे और पैसे वालों से नफरत तो की
पर ये पैसा जब हमारी किस्मत में आया, तो क्या हमने
इसे ठुकराया?
क्यों न करें एक नयी शुरुवात,
पहले पैसे से माफ़ी, फिर पैसे से प्यार

पैसे से माफ़ी? आजकल इतना Ego आ जाता है, हम Human कभी रिश्तों से तो माफ़ी मांगते नहीं फिर पैसों से कौन माफ़ी मांगता है?

ये उन दिनों की बात है जब मैं और मेरी बेटी America से वापस आये थे और मेरे पास option था कि वापस अपनी Job Join कर लू जिसे मैं Quit करके गयी थी अमेरिका जाते वक़्त।

पर पता नहीं क्यों, न तो कोई डर था न कोई Insecurity, न ही Job Resume करने का मन तो फिर करना क्या है मेरे भैया ने पूछा - मैंने कहा कुछ बड़ा होने वाला है ऐसा लगता है और मैं इस समय ब्रह्माण्ड को Disturb करना नहीं चाहती, मैं तैयार थी Unknown के लिए और वही हुआ एक Unknown शब्द मेरी आँखों के सामने आया- Ho' oponopono.

न कभी सुना न देखा न पढ़ा तो मैंने उसे Ignore किया, फिर वह सामने आया kartika Nair के चैनल पर, मैंने पहली बार पूरा वीडियो देखा सोचा करूँ पर फिर Ignore किया, फिर मितेश खत्री जी का वीडियो सामने आया उसे भी देखा पर अब Ignore नहीं कर पायी। मैं ब्रह्माण्ड का इशारा समझ चुकी थी

अपनी बेटी से कहा पता नहीं क्यों, ये कोई Prayer है बार-बार दिख रही है, करने में क्या जाता है और मैंने और मेरी बेटी ने ये Prayer पूरे घर में की, तीन दिन तक की।

फिर तो जैसे सब कुछ बदल गया मेरा इंटरव्यू कार्तिका के साथ, और उसके बाद Life Coaching के लिए ढेर सारे calls और उसके बाद सबसे बड़ी Impulse "करोड़ों की बातें" मेरा पहला Webinar, Rest is the History दोस्तो।

पर इस prayer के बाद मेरे पैसे को लेकर विचार पूरी तरह से बदल गए, अब पैसा मुझे एक व्यक्तित्व जैसा प्रतीत होता था, उसके भी Emotions है और हमने पैसे को बहुत भला बुरा कहा है Hatred दी है तो वह हमारे पास क्यों रहेगा?

और जैसे ही ये Concept समझ आया और जब मैंने दिल से पैसे से माफ़ी मांगी, पूरा रिश्ता बदल गया मेरा पैसे के साथ और पता नहीं कब प्यार हुआ इस Energy से कि एक बार बिना सोचे समझे सुबह 4 बजे पैसे को प्रेम पत्र लिख दिया, कुछ नहीं पता था कि ये कोई Technique होती है पर मैं जानती हूँ बहुत ही प्यार से मैंने अपने Emotions बताये थे इस प्रेम पत्र में कि पैसे को भी मुझसे प्यार हो गया और जो भी लिखा था उस पत्र में वह सब वैसे ही हुआ और हो रहा है।

तो दोस्तों याद कीजिये क्या आपने कभी कोई ग़लत भावना रखी है पैसों के लिए, जैसे पैसे होते हुए भी आपने किसी से कह दिया पैसे नहीं है, बुरा लगता है उस पैसे को जब आप ऐसा कहते है ये Dishonur करना हुआ उस आखिरी 10 रुपये का जो आपके पास था क्यूंकि लाखों का Balance नहीं था इसलिए आपने उस 10 rupees को dishounr किया उसकी Presence को dishonour किया, पैसा तो पैसा है 10 रुपये हो या 10 लाख आपको Respect करना होगा उसकी Presence का। पैसा भाई-भाई में दुश्मनी कर देता है, पैसे वाले लोग अच्छे नहीं होते जैसे शब्द या फिर किसी पैसे वाले को देखकर कभी ईर्ष्या हुई हो, ऐसे अगर कोई भी ग़लत Emotions है एक बार माफ़ी माँगकर एक नया रिश्ता बनाइये, माफ़ी मांगने के लिए सबसे अच्छे Phrases है ये Ho'oponopono Prayer के **I am sorry, please forgive me, thank you and I love you.**

शुरुवात कीजिये आज से अभी से, पैसे को हाथ में लीजिये दिल से माफ़ी मांगिये और एक नया रिश्ता जोड़िये।

मेरा निजी अनुभव है पैसे से माफ़ी और फिर प्रेम पत्र सब कुछ बदल गया मेरे Finacial condition में।

इस Prayer ने न केवल मेरी Financial Situation को ठीक किया बल्कि मेरी मम्मी की सेहत के लिए भी मैंने इसे chant किया और उनकी सेहत में भी Magical बदलाव आया।

फिर मैंने इस पर वीडियो भी बनाया क्योंकि आप सब जानते है एक सोच है मेरी कि जिस भी वज़ह से आपके जीवन में बदलाव आया वह बात तो ज़िन्दगी में सबके साथ share

करनी ही चाहिए और यही सिलसिला चल रहा हैं अपने अनुभव को आपके साथ share करने का।

"करोड़ों की बातें" Webinar का सिलसिला जो शुरू हुआ मेरे साथ एक कारवां जुड़ता गया और अब उन्ही बातों को Pen Down करना है क्योंकि मैंने Notice किया हर किसी की उतनी Frequency नहीं होती है कि वह Webinar Join कर सके, तो इस ज्ञान को और अंजना के पुराण को Book का रूप दे दिया जाए तो आसानी से सहूलियत अनुसार लोग इसे ग्रहण कर पाएंगे, समझ पाएंगे, और सीख कर अपनी ज़िन्दगी बदल पायेंगे।

तो इस Prayer ने Magically बदला मेरी आर्थिक स्थिति को, क्योंकि मैंने काफ़ी माफ़ी मांगी अपनी हर उस सोच से जो मैंने कभी पैसे या पैसे वालों के लिए रखी थी।

माफ़ी के बाद I Love You कहना ही है तो क्यों न प्रेम पत्र ही लिख दिया जाए पैसे को, ध्यान से पढ़िए इस प्रेम पत्र को जिसने मेरा पैसे से हमेशा के लिए रिश्ता जोड़ दिया आज मेरे साथ पैसा हमेशा रहता भी हैं और मेरा ख़्याल भी रखता है। आप भी pen paper रख कर बैठिये।

Chapter 2

प्रेम पत्र पैसे को

मैं पैसा हूँ "मुझे आप मरने के बाद ऊपर नहीं ले
जा सकते"
मगर जीते जी मैं आपको बहुत ऊपर ले जा सकता हूँ,
बस इसी बात पर पैसे से प्यार हो गया और बन गया
प्यारा रिश्ता पैसे से।

दोस्तों अभी सभी जानते है मेरी ज़िन्दगी के बारे में 2011 में अपने ही ग़लत शब्दों से मैंने अपना Divorce Attract किया था, जिस बारे में मैंने अपनी पहली Book 40 से 40 करोड़ में law of Attraction chapter में समझाया है, तो अब ज़िन्दगी में समझ आया कि प्यार और Attention उसे दीजिये जिसे बढ़ाना है ज़िन्दगी में, जो आप चाहते है कि बस बढ़ता ही जाए।

मुझे समझ आ गया कोई आपके साथ रहे न रहे अगर पैसे की Energy आपके साथ रही तो गए हुए और जिन्होंने आपको छोड़ा हो वह भी उस Energy से खिंचे चले आते है।

तो क्यों न अपना वक़्त और Energy इंसानो पर लगाने की बजाय उस Energy पर लगाओ जो बाक़ी सब को भी ले आएगी।

10 वर्षों के संघर्ष के बाद इस ब्रह्माण्ड में मुझे पैसे की Energy बहुत अच्छी लगी क्योंकि मैंने लोगों को, रिश्तों को, बदलते देखा हैं और Difference भी देखा कि जब आपके पास पैसे की Energy हो तब आपके प्रति दूसरों का रवैया कुछ और होता है और जब आपके पास ये Energy नहीं है चाहे कितना भी Talent हो या आप कितने भी अच्छे इंसान हो दूसरे लोग आपको Failure की नज़र से ही देखते है।

अब देखिये इस बात पर कई लोग पैसे को ही ग़लत Frequency दे देते है कि पैसे का बोलबाला है, पैसा है तो सब है, बात तो सही ही है पर लोगों के कहने का अंदाज़ सही नहीं होता पैसे को या पैसे वालों को लेकर, और उन्हें समझ नहीं आता जब आपका व्यवहार पैसे को लेकर सही नहीं है प्रेम से भरा नहीं है तो ये तो एक Energy है, आपकी Hatred की बातें या Energy उस पैसे की Energy ने Feel कर ली तो पैसा क्यों रहेगा आपके पास? पर हम ये कभी नहीं समझ पाते।

तो दोस्तों जब मैंने देखा पैसे की वज़ह से अब मुझे सम्मान भी मिलने लगा और गए हुए रिश्ते भी वापस आने लगे तो किसी पर आया या न आया हो पैसे पर ज़रूर प्यार आया और लिख दिया हमने पैसे को एक प्रेम पत्र।

पर जब मैं ये प्रेम पत्र पैसे को लिख रही थी अंदाज़ा नहीं था ये Energy मेरे सारे Emotions को समझ रही है और वैसे ही Emotions मुझे देगी जैसे मेरे उसके लिए थे।

जितना प्यार मैंने इस पैसे को प्रेम पत्र में दिया, यकीन मानिये दोस्तों उस से ज़्यादा प्यार पैसे ने मेरे पास आकर मुझे बताया की पैसा भी मुझसे उतना ही प्यार करता है जितना मैं पैसे से।

अगर आप इस पत्रं को पढ़ेंगे तो ये पत्र मैंने May 2021 में लिखा था जब मुझे बिलकुल भी आभास नहीं था कि पैसा इतनी आसानी से हर रोज़ बढ़ती मात्रा में मेरे पास आ सकता है पर मैंने लिखा था।

दोस्तों मैं चाहूंगी की आप इस पत्र को एक बार पढ़े, बिना judge किये कि English कैसी है, Grammer ग़लत है या handwriting अच्छी नहीं है, क्योंकि इस लेटर में जो भी लिखा था वह तो हो गया, क्योंकि Energies Grammer नहीं Feelings और Emotions देखती है।

ब्रह्माण्ड में जो हो रहा है वह Feelings और Vibrations Based ही है, मुझे आज भी याद है सुबह के चार बज रहे थे मैं अपना ऑफिस का काम कर रही थी और अचानक Impulse आयी और मैंने Diary उठाई और पैसे को ये पत्र लिख दिया और कभी ख़्याल भी नहीं आया कि ऐसा कुछ मैंने लिखा है।

मैं तो लिख कर भूल गयी याद ही नहीं रहा ऐसा कुछ लिखा है मैंने, बस अपने दिल के Emotions को बहुत ही ईमानदारी से Emotinally Diary पर उतार दिया जो मैं पैसे से कहना चाहती थी या पैसे से जैसा रिश्ता चाहती थी।

कभी नहीं पता था कि ये हो जाएगा, अचानक 2021 के December Month में मेरे "शब्दों की बातें" Webinar का Mega Event कर रही थी और पुरानी Diaries देख रही थी कि देखूं क्या-क्या सच हुआ जिसे मैं अपने Participants के साथ शेयर करूँ और अचानक रात को 2 बजे जब मैंने ये देखा हैरान रह गयी, मैं जैसे-जैसे love letter पढ़ती जा रही थी मेरी आँखों में चमक बढ़ती जा रही थी और Apple मेरी बेटी को जब मैंने पढ़कर सुनाया मैं और Apple कुछ seconds

तक विश्वास ही नहीं कर पा रहे थे पर जब मैंने आखरी Paragraph पढ़ा ये सब हो गया था और हुबहू वही हुआ था, हमें अंदाज़ा भी नहीं था मेरी आर्थिक स्थिति मेरे लिखे शब्दों की तरह बदल जायेगी।

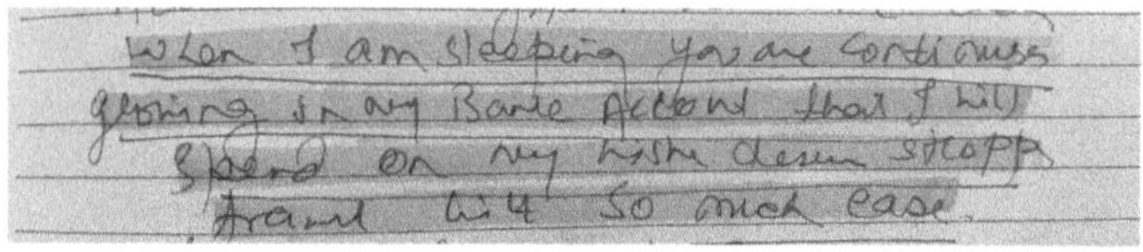

Image of my Love letter to money.

जब मैं ये प्रेम पत्र लिख रही थी अगर आप Handwriting और Grammer देख्नेगे तो समझ आएगा उस वक़्त बुद्धि नहीं चल रही थी सोच समझ कर लिखा Letter नहीं है बल्कि Emotions बह रहे थे मेरे पैसे को लेकर और मैं उन्हें बस paper पर उतारती जा रही थी।

तो इस तरह करवाया मैंने अपने एक Ritual से पैसे का creation, तो बस पैसे से प्यार का Ritual, उसके लिए अच्छी भावनाएँ रखिये और थोड़े दिन इस Ritual को आराधना की तरह करिये, उपासक बन जाइये। कहते है न जब आप किसी की उपासना करते है तो उसमे महारत हासिल हो जाती है और अब तो मैं जो कहती हूँ पैसे से वही Response मिलता है। मैंने सीख लिया था पैसे को Command देना क्या आप सीखना चाहते है किस तरह के command देकर आप पैसे को अपने जीवन भर का साथी बना सकते है। चलिए आगे बढ़ते है अपनी Diary साथ में रखिये।

———※———

Chapter 3

पैसे को Command

**"पैसा आपके लिए काम करता है
आप पैसे के लिए नहीं" दीजिये ये Command और
देखिये परिणाम।**

दोस्तों अपनी पहली Book में मैंने Affirmations के chapter में काफ़ी कुछ बताया है किस तरह Affirmations आपके जीवन में काम करती है। इस बार में आपको बताना चाहती हूँ कि Affirmations कितना ज़रूरी है और ये क्यों काम करती है।

2021 में किस तरह मेरे कुछ Affirmations मेरी ज़िन्दगी में बहुत काम आये और अब तो मेरे Affirmations हज़ारों परिवारों तक पहुँच गए " शब्दों की बातें "Webinar के रूप में जहाँ मैंने लगभग मेरे सारे Affirmations शेयर किये है जो मैंने अपनी ज़िन्दगी को बदलने में उपयोग किये।

सबसे पहले हम Affirmations के मतलब को समझे, साधारण भाषा में ज़िद, एक ही बात को पकड़ कर रट लगा देना अपने आप में एक Affirmation है। अब वह पॉजिटिव हो या नेगेटिव उसका पूरा होना तय है।

Affirmations को मैंने बहुत Apply किया, इसे Technique की तरह इस्तेमाल भी किया और बहुत कुछ Manifest भी किया पर सही मायने में मैंने समझा कि मैं इसे Affirmation नहीं बल्कि मैं Brain को Powerfully Command देती हूँ जिसे Refuse या Deny करने जैसी कोई choice नहीं होती मेरे Brain के पास, जब आप अपने Brain को Master कर लेते है।

मैंने लिया Power अपने Brain को Master करने का, और Brain Magical Genie की तरह सिर्फ़ ये कहता है "your wish is my command"

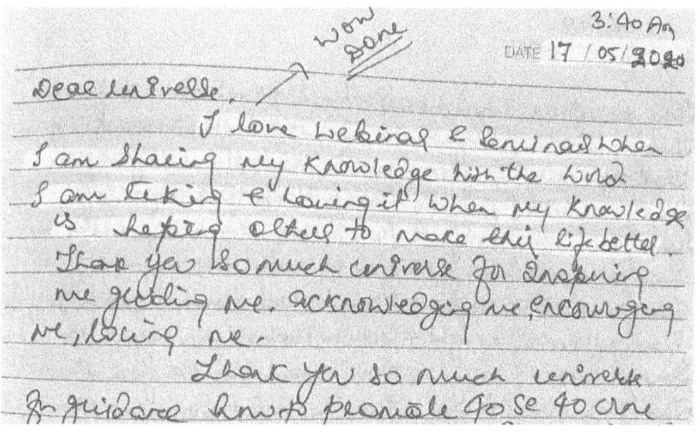

सही शब्दों के निर्माण से बनती है एक Positive Powerful Affirmation और Confidence के साथ कहे गए Affirmation को मैं Command कहती हूँ।

उसी तरह ग़लत शब्दों के निर्माण से बनती है एक ग़लत Affirmation और Brain को दिया गया एक Negative Command हमारी ज़िन्दगी में वही Negative Reality बना

देता है और हम कभी समझ नहीं पाते कि हमारे शब्द ही है जो हर रोज़ हमारी ज़िन्दगी को Create भी कर रहे है और Destroy भी।

तभी तो बड़े बुज़ुर्गों ने कहा है शुभ-शुभ बोलो मतलब सही बोलो, मतलब सही अर्थ वाले शब्दों का प्रयोग और बार-बार Affirmations को दोहराना एक command बन जाता है जिसे Brain पूरा करेगा ही।

बस उसे सही ग़लत समझ नहीं आता।

हर शब्द की अपनी एक Frequency और Energy होती है इसलिए सही शब्दों को चुनना बहुत ज़रूरी है क्योंकि जाने अनजाने या मज़ाक में जब माँ अपने बच्चे को नालायक या पागल कहती है, या गुस्से में जब बार-बार एक ही शब्द दोहराती है "तुम कुछ नहीं कर सकते, आप Research उठाकर देख लीजिये कि उन बच्चों का भविष्य या जीवन पर क्या असर हुआ है और उस जीवन को फिर या तो बच्चो ने सही शब्द के चुनाव से बेहतर किया या फिर ज़िन्दगी भर उस शब्द की Energy से ग्रसित भी रहे और कभी समझ नहीं पाए कि ये क़िस्मत का दोष नहीं, बल्कि ग़लत शब्दों का प्रयोग है।

मेरा Divorce भी ग़लत Affirmation का ही नतीजा था, मैंने स्वयं कई ग़लत शब्दों के प्रयोग किये और उसके प्रभाव भी देखे अपनी ज़िन्दगी में कि दस साल ज़िन्दगी के सिर्फ़ संघर्ष में गुजरे, रिश्तों का संघर्ष, पैसों का संघर्ष, सेहत का संघर्ष और career में संघर्ष और पिछले तीन वर्षों में जब शब्द सुधरे तो ज़िन्दगी भी सुधर गयी।

क्योंकि मैं Creative Director रह चुकी हूँ और शब्दों का सही चयन बहुत ज़रूरी होता है Dilaogue writing में। जो मुझे बहुत काम आया अपने लिए कुछ अच्छे और सही शब्दों के चुनाव से अपनी Affirmations बनाने में जिन्हे मैंने शेयर भी किया है "शब्दों की बातें" Webinar में और दोस्तों "करोड़ों की बातें" सही शब्दों के साथ ही की जा सकती है, शब्द सही हो frequency सही हो तो कौन रोक सकता है आपको करोड़ों के सफ़र पर चलने से।

शब्दों की बातें मेरे Webinar में काफ़ी कुछ वह Affirmations शेयर करती हूँ जिस से मेरी ज़िन्दगी बदली, अपने 40 से 40 करोड़ Book में भी मैंने Affirmation के फायदे बताये है, और कई ग़लत Affirmation भी हमने Command के रूप में दिए है Brain को अनजाने में।

एक बार फिर जो नए रीडर है आपको बताना चाहूंगी कि एक बार 40 से 40 करोड़ Book ज़रूर पढ़े जिससे हमें हमारी गलतियाँ पता लग सके और हम एक बेहतर परिवर्तन ला सकें ज़िन्दगी में।

हमारे जीवन में हम जाने अनजाने में बहुत ग़लत Command देते है Brain को यानी Affirm करते है पर यहाँ हम ग़लत Command की बात नहीं करेंगे बल्कि मैं आपके साथ वह Command share करूँगी जो मैंने अपने Brain को दिए और एक बड़ा परिवर्तन मेरी ज़िन्दगी में आया।

एक डायरी में मैंने लिखे थे कुछ अच्छे Affirmations और यक़ीन मानिये जब लिखे थे तब वैसा कुछ भी नहीं था मेरी ज़िन्दगी में और न ही कोई उम्मीद या कोई Sign था

कि ऐसा कुछ हो सकता है पर हुआ, ये आप देख सकते है मेरी ही Diary में लिखे 1st jan 2021 को लिखे कुछ Affirmations.:-

My Affirmation 2021-

1. I Am Rich.
2. I Am classy
3. I Am graceful
4. I Am Poise.
5. I am Sophisticated
6. I am love.
7. I am beauty
8. I am Success.
9. I am calm.
10. I am at peace.
11. I am amazing
12. I am Prolific
13. I am money magnet
14. I am prosperous
15. I am abundant
16. I am more than enough
17. I am multimillionaire
18. I am Motivational Speaker.

क्योंकि आपका Brain वही करता है जो आप उसे बार-बार कहेंगे जाने या अनजाने में, इसीलिए Brain को अच्छा सोचने की आदत बनाइये, एक बार ये आदत बन गयी तो Brain की यही आदत एक दिन आपको बना ही देगी।

अच्छा सोचने के लिए कुछ Powerful तरीके है जो कई सफल लोगों ने इस्तेमाल किये जिसे मैंने YouTube पर देखा तो मैंने भी बिना logic उसे इस्तेमाल किये।

करने में क्या जाता है की सोच से वह सब किया, Resistance नहीं था इसलिए हो गया, जिसमे से एक थी 555 Technique.

कई बार हमारे Subconscious Mind में Limited सोच की वज़ह से हम Command नहीं दे पाते पर जब किसी सफल व्यक्ति से कुछ सफल कहानी और कैसे किया, यानी Tools समझ लेते है तो Conscious Mind को समझाना आसान होता है और Resitance भी नहीं होता, मैंने भी की थी 2019 में एक technique फिर तो जब भरोसा हुआ एक छोटी सफलता से तो अब संदेह की कोई गुंजाइश नहीं बची और ये Technique मेरे जीवन का आज भी हिस्सा है जिसे मैं कई बार या अक्सर इस्तेमाल करती हूँ।

चलिए इसे भी समझ लेते है, समझ के करना आपके विश्वास को मज़बूत बनाता है और परिणाम को आसान।

A) 555 technique

करत करत अभ्यास के जड़मति होत सुजान।
रसरी आवत जात ते सिल पर परत निसान॥
555 एक "निरंतर अभ्यास है अपने सपनो को जीने का"

40 से 40 करोड़ की journey यानी की zero से लाखों के Bank Balance की Journey में एक Technique जो मैंने की, जिसका ज़िक्र ज़रूरी है, इसका ज़िक्र मैंने अपनी पहली Book में किया पर अब ज़िक्र करने का नज़रिया दूसरा है।

जब मैंने अपनी Law of Attraction की Right practice शुरू की थी Year 2019 में, तब एक 555 का Video Pop up हुआ, और बिना कुछ सोचे, बिना कुछ समझे, मैंने उसे किया, हैरानी की बात ये हुई की वह statement बहुत ही जल्दी manifest हुआ और मैं ख़ुद हैरान रह गयी ये वाक़ई काम करता है और उसके बाद तो इन तीन वर्षों में बहुत सारी Diaries में इसी Technique का इस्तेमाल भी किया और Manifest भी पर जैसे-जैसे मैं इस Journey में आगे बढ़ती गयी तब समझ आया ये सब भरोसे का परिणाम है Tools या Techniques का नहीं।

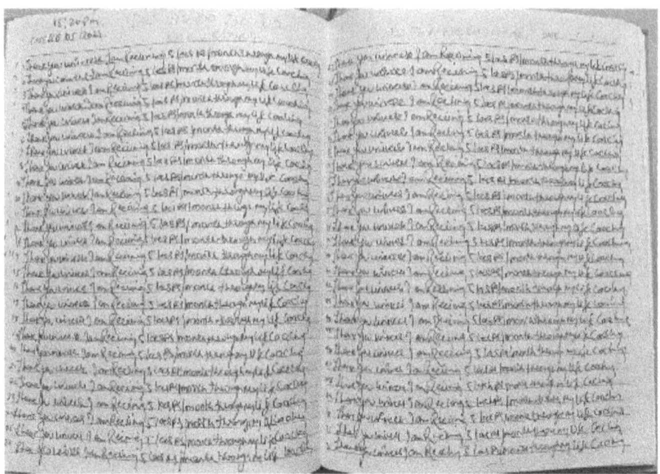

जिसने भरोसा किया उसके लिए जादू, दूसरों के लिए हाथ की सफ़ाई, जी हाँ ये Tools और Techniques पूरी दुनिया बता रही है पर अगर आप Deep Study करें अपने Brain की तो समझ आएगा ये Technique नहीं बल्कि Brain को दिया हुआ भरोसा है उस काम के लिए जो काम आप करने को कहते है और जब आप पूरे यक़ीन के साथ power के साथ कहते है तो इतनी आसानी से हो जाता है आपका काम कि जादू ही लगता है।

जब आपका Subconscious mind उस Possibilities पर यक़ीन कर लेता है उसी Moment आपके हर सपने का Construction शुरू हो जाता है।

बस जैसे-जैसे मुझे ये बात समझ आती गयी मेरे You Tube Channel पर Techniques के Video बनने बंद हो गए और मैं अब सिर्फ़ अपने अनुभव की बात करती हूँ मेरी किस सोच से क्या परिवर्तन आया।

मेरे Dream और Dream life दोनों वैसे ही Create हो रहे है जैसा मैं चाहती हूँ, क्योंकि मुझे Technique से ज़्यादा Powerful Science समझ आ गया था।

आप कोई भी Technique करें दोस्तों पर उसके पीछे का Science समझ कर करेंगे तो आपको पता होगा आप क्या कर रहे है और क्यों कर रहे है और हम अंधी दौड़ में शामिल नहीं होंगे कि ज़िन्दगी भर Techniques के पीछे भाग रहे है और कुछ भी हासिल नहीं हो पा रहा हैं, सिवाय निराशा और failure के, और इसी वज़ह से कई बार इंसान इतना Negative हो जाता है कि Declare कर देता है "Its not Working"।

और ये बात सिर्फ़ law of Attraction पर लागू नहीं होती, मेरी माँ ने भी वही सब्जी बनाई वही Dish बनाई और उसी Tehnique से मैंने भी बनाई फिर भी फ़र्क़ था और मैंने कह दिया मेरी Dish तो नहीं बनी या मम्मी को कह दिया आपने सही नहीं बताया।

मैंने ये नहीं जाना कितनी देर धीमी आंच हो कितनी देर बर्तन ढका हुआ हो कितनी देर उसे भाप में पकना है।

बस इसी तरह Law of Attraction भी काम करता है, कितनी देर लिखना है कब लिखना छोड़ देना है कब Release करें। कब Vibration की आंच पर और Frequency की भाप में अपने सपनो को पकने दे।

माँ की Dish की तरह आपकी wish भी Ready होगी, वैसे ही जैसे आपने सोचा है।

पैसे के लिए लिखने के साथ जो एक नयी आदत मैंने शुरू की थी Shopping जिस वजह से मेरी Financial Condition में बहुत बड़ा Difference देखा मैंने, शॉपिंग के लिए पैसा नहीं था मेरे पास पर Virtual Shopping करके Real Shopping का सफर बड़ा interesting रहा, चलिए क्या है Virtual Shopping और क्या है इसका साइंस, समझते है अगले chapter में।।

B) Virtual shopping

"यदि आप कुछ सोच सकते है तो यकीन मानिये कर भी सकते है"

"Fake it till you Make it"

virtual shopping थोड़ा नया शब्द है पर ये एक बहुत ही Proven Technique है Abraham Hicks की, पर इस Technique के साथ मैंने अपनी एक समझ को भी जोड़ लिया जिस समझ से मैं इस Technique को अच्छे से कर पायी और पैसे के साथ एक नए रिश्ते को भी बना पायी और उसी वज़ह से मुझे मेरे Finances Handle करने में बहुत मदद भी मिली है और मैं अपनी Lifestyle को Upgrade भी कर पायी।

Abraham Hicks की Virtual शॉपिंग या उसे वह Prosperity Game भी कहती है जिसमें वह बताती है कि इस game को 1000 रुपये से शुरू कर सकते है।

जैसे मान लीजिये अगर आपके पास 1000 रुपये है तो आप क्या करेंगे उसकी Spending List भी बनाइये और मन ही मन में ख़र्च भी कीजिये।

ये Prosperity Game है Abraham Hicks का, बहुत ही successful process है, इस तरह हर रोज़ पैसे का Amount बढ़ाते जाइये और 1000 से 30000 तक का Amount हर रोज़ बढ़ाते जाये Reciving Mode में और उस पैसे को आप कैसे ख़र्च करेंगे ये सोचकर उसे Virtually ख़र्च भी करते जाए।

उनसे मैंने सीखा कि आप Purse में पैसे या कुछ बड़ा Amount अपनी Capacity के हिसाब से लेकर Market निकल

जाए और हर Product जो भी आपको पसंद आये उसे देखकर wow कहे यानी wow की Feeling उस Product तक पहुँचाए क्योंकि आपके पास पैसा है इसलिए आपको ये Feel नहीं होगा कि आप नहीं ले सकते बल्कि ये Feel करें आप इसे खरीद सकते है।

पर दोस्तों आपको खरीदना नहीं है क्योंकि आप कुछ और Better देख रहे है, बस आप खरीद सकते है कि Feeling रखिये और बिना कुछ ख़रीदे कुछ और देखते है कहकर आगे बढ़ जाइये।

इस तरह से धीरे धीर आपकी भाषा आपके Emotion "i can't afford it" से "i can afford it" वाली हो जायेगी, Brain को Signal मिलेंगे और Brain आप के लिए वही सब Create करेगा जो आपके Brain में Thought है।

"Feeling is the secret" Neville Goddard ने बहुत अच्छे से समझाया है अपनी Book में और मुझे भी अच्छे से समझ आया कि आज तक मैंने जितनी आसानी से अपनी ज़िन्दगी बदली, Feeling की वज़ह से ही बदली, वह बात अलग है Neville Goddard मैंने सफल होने के बाद पढ़ी पर इस Book को पढ़कर मुझे पैसे का गणित समझ आ गया और Hence Proved Theorem वाला Approval मिल गया और मैं जान पायी कि जो मैंने किया वही सही था Manifestation के लिए।

मुझे आज भी याद है 2019 में, मैं अपनी बेटी के साथ shopping malls में जाती थी और Window Shopping पर हर अच्छे Product को जो भी पसंद आता था उसको wow का feeling देती थी, और बेटी से बोलती थी चलो कुछ और देखते है, ऐसा कहकर आगे बढ़ जाती थी, पर कभी किसी भी product के Price Tag को नहीं देखा।

ये Virtual Shopping लगभग दो महीने ही की थी, धीरे-धीरे मैं पैसे को लेकर Comfortable हो गयी और उसके बाद बड़ी-बड़ी Brands के Showroom में जाती थी जब भी Discount या sale चल रही होती थी, एक ही Dress पर Branded ही लेकर आती मेरी बेटी Apple के लिए और इस आदत से घर के Wardrobe में Brands की Frequency बढ़ने लगी।

आज वक़्त बदल चुका है जुलाई 2022 Abraham Hicks के सेमिनार के लिए America गयी थी और वहाँ All Branded Products की Shopping की पर इस बार Virtual नहीं, बल्कि Real Shopping की, अपने लिए ही नहीं अपनों के लिए भी की।

ये था Virtual से Real Shopping का सफर।

और ये Virtual Shopping Month में एक बार या 15 Days में एक बार बहुत ही ईमानदारी से ख़ुश होकर कीजिये, फर्क आपको बहुत जल्द महसूस होने लगेगा।

ये हो सकता है बड़ा Magical Difference न आये पर आप ख़ुद Notice कर सकेंगे। इतना Difference पैसे को लेकर आपके जीवन में आने लगेगा और इसी रास्ते पर आप सही Emotions के साथ पैसे के साथ Chemistry अच्छी करेंगे तो Brands आपके घर में होगी और हर तरह की Brands.

अब Brands से इस बात को थोड़ा समझ ही लेते है कि Brands ही क्यों, ये ख़्याल आएगा ही कि Brands ज़रूरी तो नहीं। चलिए Brands के Science पर भी चर्चा हो जाए।

C) Brands ज़रूरी है

**"महंगा और सस्ता इस दुनिया में कुछ नहीं
जो गरीब के लिए महंगा वह अमीर के लिए सस्ता"**

दोस्तों इस Topic पर चर्चा करना बहुत ज़रूरी है क्योंकि Brands के होने और न होने के फ़र्क़ को मैंने जिया है अपनी सोच में और अपनी ज़िन्दगी में।

मैं बहुत ही अच्छे घर से थी, पापा Officer थे अपनी मेहनत से आगे बढे, काफी संपन्न थे पर क्योंकि काफ़ी परिश्रम से आगे बढे थे तो पैसे को लेकर एक अलग ही Mindset था कि ज़रूरत के हिसाब से ख़र्चा करना है, सोच समझ कर करना है, बेहिसाब खर्च नहीं होने चाहिए, जो वस्तु आपको 100 रुपए में मिलती है उसी वस्तु पर 500 रुपये क्यों ख़र्च करना है सिर्फ़ इसलिए की company का फ़र्क़ है तो company से क्या फ़र्क़ पड़ता है, की सोच के साथ ही मेरा बचपन गया, और मेरी भी वही सोच बन गई।

पापा ने अच्छा खिलाया, पहनाया सब कुछ था, पर Brands, Five Star Hotels की तरफ़ उनका कभी झुकाव नहीं रहा, या ये कह ले "दिखावे की दुनिया" की तरफ़ उनका रुझान नहीं था।

"ये दिखावा शब्द भी दोस्तों Middle class सोच की ही उपज है" ज्यादा पैसे वालों को जब अच्छी गाड़ी और महंगे कपडे पहनकर खुश होकर इठलाते देखा तो हमारी भाषा में वह दिखावा बन गया और हमें तो माता पिता ने सिखाया ही था पैसे को लेकर घमंड और दिखावा नहीं।

ये तो आज समझ आता है पैसे वाले लोग दिखावा नहीं करते बल्कि अपनी Abundance को Appreciate करते है उसको Gratitude देने के लिए उसके बारे में बात करते है और शायद उन्हें ये Secret पता है इसीलिए वह करते है और उनके पास पैसे आते भी है।

क्योंकि मेरी भी वही Teachings है अब, कौन क्या कहता है फ़र्क़ नहीं पड़ता पर आप Grateful और appreciative Mode में है, तो उससे बहुत फ़र्क़ पड़ता है आपके जीवन में।

अमीर लोग दिखावा करते है सोचकर हम ऐसे लोगों से अपने आपको दूर कर लेते है कभी पूछना भी नहीं चाहते कि आपकी सफलता का राज़ क्या है?

दोस्तों मैं भी बिलकुल वैसी ही थी, कभी Brands की तरफ़ झुकाव ही नहीं था पर धीरे-धीरे जब इस पैसे की Chemistry को समझा तब समझ आया Brand का मतलब होता है High value, High price और जब आप किसी भी High Price के product को लेते है तो High Value भी मिलती है, और उस Value में फ़र्क़ होता है।

आप ख़ुद ये फ़र्क़ महससू करेंगे क्योंकि ये महंगा है कहकर उसे Reject करें या फिर महंगा है मतलब उसमे कुछ तो Value होगी, Quality अच्छी होगी, Product अच्छे से बनाया होगा, Raw Material अच्छा होगा तभी तो महंगा है।

ये सोच भी रखी जा सकती है और फिर आप ख़ुद से सवाल करें आप को क्या लेना चाहिए?

दोस्तों हमेशा याद रखिये जो भी Product की Price High होती है उन्हें पता होता है कि उनके Product की वह Value है और जिसे Quality की समझ है और Quality Product पसंद है और उसे लेते भी है।

एक बात और एक बार Brand की आदत आपने अपने Brain को लगा दी आपका घर और Wardrobe Brands से भर ही जाएगा और ये इतना Gradually होगा कि आप समझ भी नहीं पाएंगे की ये Progress हुई कब? और आप Suddenly अपने आपको Three Star और Five Star होटल में अपने आप को बैठा हुआ पायेंगे किसी Dinner पर परिवार के साथ।

ये सब मेरे साथ हुआ है, ये मेरी journey रही है, 2014 में मेरी 8 वर्ष की बेटी को ये कहकर सुलाया था कि पैसे भी नहीं

है और राशन भी नहीं है और जब 8 साल की मेरी बेटी बोली थी मुझे भूख नहीं है।

आज Five Star और Three Star Hotel में Lunch और Dinner Lifestyle बन गया है क्योंकि Quality Services भी समझ आ गयी और अपनी Value भी। यक़ीन मानिये ये सब Automatic होता है आप सिर्फ़ एक बार आदत लगाए Brain को Quality और High Value Products और Services की।

अब जब भी किसी Average Quality Product की तरफ़ Market में नज़र जाती है, पहले मेरी बेटी बताती है Mom ये Quality अच्छी नहीं है रहने दीजिये, और अचानक एहसास होता है वाक़ई क्या हमारा Status बदल गया?

क्या हम भी अब Upper Class में आते है, इसका मतलब Growth हो रही है, Growth दिख रही है, और Growth ऐसे ही हुई।

अपनी मानसिकता को Grow किया और Financial Status Grow होता ही गया।

पैसे को सम्मान, पैसे से आयी हर वस्तु को सम्मान, जितना ज़्यादा पैसा उतनी उसकी value की सोच को सम्मान। बस शुरू करके देखे और मुझे बताये कि क्या शुरू किया आपने Brand पसंद करना और Brand लेना, ये Brand से प्यार आपको ख़ुद किसी दिन एक Brand बना देगा।

पर क्या ये सोच सही है या फिर कही महंगी वस्तु से बजट तो नहीं बिगड़ेगा, ये सोच कर मुझे भी डर लगता था पर कहीं न कहीं ये चाय पीना बहुत काम आया क्योंकि चाय हमने ऐसे

ही नहीं पी, उसके साथ इतनी Powerful Affirmation को जोड़ा कि चाय ख़ुद पैसा छापने की Machine बन गयी। मेरी Book 40 से 40 Crore छपती गयी और पैसा भी छपता गया मेरे लिए।

क्या है ये चाय की कहानी चलिए विस्तार से जान लेते है।

Chapter 4

मेरी चाय

मेरी चाय ने न सिर्फ पैसा ही दिया बल्कि "I Am The Creator" का साक्षात् प्रमाण भी दिया

जब तक आप ये Book पढ़ेंगे तब तक Tea Technique के नाम पर Videos आपको Youtube पर मिल जाएंगे। पर दोस्तों न तो ये कोई Technique है और न ही मैंने कहीं से सीखी।

अपनी ही एक बड़ी गलती से इस Process को अपनाया। जो आज successful LOA Technique के रूप में काफ़ी सारे Youtubers ने अपने Channel पर Post किया पर "चाय की कहानी" आप अब असली Creator से ही सुन लीजिये जिस से आप इसे Technique न समझे बल्कि इसके पीछे के Science को समझे।

"40 से 40 करोड़" जो की मेरी पहली Book है उसमे मैंने बताया हुआ है कि मेरा एक ग़लत वाक्य था कि जिस दिन Divorce चाहिए होगा उस दिन Balaji Telefilms join करूँगी।

मज़ाक मज़ाक में इस वाक्य को मैंने कई वर्षों तक कहा है हर बार दोहराया है बिना सोचे समझे और एक दिन जब

Balaji Telefilms join किया तो Universe ने Salary बाद में दी पर पति के द्वारा भेजा गया Divorce Letter पहले हाथ में थमा दिया।

पर इस वक़्त हम Divorce की कहानी नहीं बल्कि उस हादसे से मिली सीख की वज़ह से Tea Technique की चर्चा करेंगे जिस पर काफ़ी videos मौजूद है youtube पर। क्योंकि जब मैंने इस अनुभव को kartika Nair के YouTube channel पर share किया उसके बाद काफ़ी लोगों ने पानी, Coffee और पता नहीं किस किस पर अपना ली ये Tea Technique.

तो कहानी ये है कि 2020 मार्च का महीना था सुबह-सुबह चाय लेकर बैठी ही थी कि अचानक एक ख्याल आया, क्या इस चाय के साथ मैं पैसे को Attract कर सकती हूँ, अगर मैं अपने Divorce को किसी कंपनी के साथ Attach कर सकती हूँ तो चाय के साथ पैसा भी तो Attach किया जा सकता है।

बस सबसे पहले यही सवाल मैंने अपनी बेटी Apple से पूछा क्योंकि Affirmations की Power हम दोनों को समझ में आने लगी थी।

Apple ने भी कहा Try करो बोलने में क्या जाता हैं बस फिर क्या था "Universe whenever i Drink tea i recieve money from all over the world" की chanting करना शुरू कर दी।

पर इस बार इस Statement को बार-बार दोहराना बहुत ही Conscious Awareness थी मेरी, मैं जानती थी कि कुछ तो होगा और Routine में हर चाय के साथ बोलना शुरू कर दिया।

मैं बस यही बोला करती, शुरू-शुरू में बहुत Emotions के साथ कहा बाद में इतना Mechanical हो गया मैं ख़ुद भूल गयी कि मैंने Universe को Conspire करने के लिए कुछ कहा है।

लेकिन यही तो था बड़ा secret, मैं भूल चुकी थी, अब न तो कोई जल्दबाजी थी न ही Resistance बचा था कि मैं ये सवाल करूँ, होगा या नहीं या फिर कब होगा?

2020 मार्च में बस मेरा एक ही वाक्य था कि मैं जब-जब चाय पीती हूँ मेरे पास पूरी दुनिया से पैसा आता है।

साधारण-सा वाक़्य, न पहले पता था कि 2007 से 2011 तक एक वाक़्य मेरी हंसती खेलती ज़िन्दगी में Divorce का Chapter ला देगा, बस अब उतनी ही शिद्दत के साथ मैं बिना सोचे समझे बस अपनी चाय को Affirmation देती रही।

वैसे भी मम्मी कहती है कि गुड़िया तुम चाय बहुत पीती हो Acididity करेगा अब मैंने कहना शुरू कर दिया चाय से मुझे पैसा आता है, तो मम्मी ने भी चाय के साथ मुझे Acidity की Warning देना बंद कर दिया।

पर यही तो नियम है ब्रह्माण्ड का, जो भी कहोगे वह होगा ही चाहे आप कुछ Negative कहे या Positive. ये नियम मुझे बहुत अच्छे से समझ आ चूका था।

एक बार फिर वही हुआ जो मैंने कहा, May 2020 लगभग दो महीने बाद 9th May को Meditation में एक Title दिखा "40 से 40 करोड़ lockdown के वह 40 दिन", 10th मई से Book लिखना शुरू की 10th जून को Manuscript Submit

की, 27th june को Book publish की और जुलाई 2020 से Amazon india, Amazon USA, Amazon UK, Amazon canada से पैसा आना शुरू हो गया।

मुझे एहसास भी नहीं था कि ये मेरी Creation है पर एक दिन चाय के साथ mechanical tone में यही Statement दोहराया और मुझे जैसे ही एहसास हुआ और मैं ज़ोर से चिल्लाई, बहुत ही shocked थी, अपनी बेटी को कहा Apple ये भी हो गया मेरी एक और Affirmation फिर काम कर गयी।

भरोसे के साथ शुरू की गयी Intention जो धीरे-धीरे Mechanical हो गयी थी पर उसने अपना काम कर दिया।

फिर तो इसी Affirmation को और भी Intention के साथ कहना जारी रखा और फिर आया एक और Major Shift इसी कहानी को मैंने Kartika Nair के चैनल पर बताया और रातों रात पूरी दुनिया ने ये Book खरीदी, फिर Life Coaching के लिए दुनिया भर से Phone Calls और Students और अब मेरे पास पैसा London, Newzealand, Dubai, USA, Australia चंडीगढ़, पंजाब, गुजरात, हिमाचल प्रदेश, दिल्ली बंगाल, लगभग पूरा भारत या ये कहूँ पूरी दुनिया से पैसे आ रहे थे और हर रोज़ आ रहे है।

तो देखा दोस्तों, ये मेरी Technique नहीं अपने ही अनुभव से मिली सीख की वज़ह से बोली गयी एक Positive Affirmation जो काम कर गयी और आज भी कर रही है।

ये है Power, Positive Affirmation को भरोसे के साथ कहकर Surrender करने का, क्योंकि एक वक़्त के बाद मैंने उस Affirmations को Mechnicaly ही कहा और Brain

हमारे हर Repetitive Affirmations को Command की तरह लेता है।

इस बात को बताने की गहराई ये है की मैं आपको समझा सकूँ Law of Attraction का मतलब Technique नहीं है, ये Power है आपके ही Subconscious Mind की, उसमे आप क्या Feed कर रहे है, क्या बीज बो रहे है आप, जैसा बीज आपने Subconscious mind को दिया वही फ़सल आपका Subconscious Mind आपको देगा।

तो एक बात गाँठ बाँध ले। Law of Attraction कोई Technique नहीं है, आप ने जो सोच लिया, कह दिया, बार-बार देख लिया, वही जीवन में आएगा और यही नियम है ब्रह्माण्ड का।

ये Brain का Function है कि आप उसे जो भी Instructions देंगे वह Creation शुरू कर देता है।

एक ही बात को बार-बार दोहराकर मैंने अपना नुक़सान भी किया जब वह Affirmation Negative थी और एक Positive और सही शब्दों के चयन को एक Action के साथ जोड़कर एक Powerful Technique भी बना ली।

तो चलिए मेरे इस करोड़ों के सफ़र में और क्या Afirmation और Technique थी जिसका मैंने इस्तेमाल किया और मैं यहाँ तक पहुँची।

आगे बढ़ते है पर उसके पहले एक powerful affirmation आप अपने लिए create कीजिये और उसे किसी Action के साथ Attach कीजिये और अपनी एक नयी technique आप ही

बनाइये जिस से आपके लिए ये Concept पूरी तरह से Clear हो जाए की Law of Attraction आपके Repetitive Words है, न की किसी और के द्वारा किया गया Action.

"ज़िन्दगी आपके Actions का Result भी है और Reflection भी।"

चाय के साथ सही शब्दों की बात करें और अगर आपको गाने के बारे में न बताऊँ तो ज्ञान का सफ़र अधूरा रहेगा। तो चलिए जानते है फ़िल्मी गाने सुनकर किस तरह बनाया मैंने उन्हें अपनी Affirmation और किये बड़े-बड़े Manifestation.

Chapter 5

मेरे गाने

"चले ही जाना है नज़र चुराके क्यों फिर थामी थी साजन
तुमने मेरी कलाई क्यों
किसी को अपना बना के छोड़ दे ऐसा कोई नहीं करता।"

हिंदी फ़िल्म-अनामिका
सिंगर-लता मंगेशकर

हर शनिवार दोस्तों और पति के साथ महफ़िल लगा करती थी karaoke night और ये मेरा Favourite गाना था जिसे मैं हमेशा गाया करती थी, कब पति छोड़कर चले गए पता ही नहीं चला।

एहसास अब हुआ कि मेरे गाने मेरी Affirmations ही तो थे।

जब ये समझ आया तो मैंने सही गाने ढूँढ निकाले और उन्हें भी अपनी ज़िन्दगी में Affirmations की ही तरह शामिल भी किया, और अगर मैं ग़ौर करूँ तो मेरे गाने मेरी Affirmations भी बने और ज़िन्दगी भी।

फर्क ये है कि अब मैंने चुने है सही गाने, यानि सही lyrics मतलब सही Affirmations क्योंकि गाने के lyrics

का मतलब ही है कुछ शब्दों का चुनाव और Music का मतलब है Sound Frequency, इस Combination से ही तो Manifestion है।

इसलिए Affirmations से ज़्यादा सही गाने जल्दी काम करते है क्योंकि Affirmations में Music नहीं होता पर जब हम कोई गाना गाते है उसके lyrics Music के साथ इतने Rhythm में होते है कि हमें वह पसंद आते है फिर हम उसे लगातार गाते है और बहुत ही Feelings के साथ गाते है और सब कुछ Feelings ही तो है।

आपके बार-बार Repeat करने से यानी वही गाने को Feelings से गाते हुए Brain उसे Real समझ लेता है, Brain नहीं जानता कि आप सिर्फ़ गाना गा रहे है।

दोस्तों गानों को Causal मत लीजिये और कुछ भी मत गाइये सोच समझ कर गाइये क्योंकि Brain के लिए वह Real ही है ये मत सोचिए दिन भर आप दुखी गाने गायेंगे और रात में सोने से पहले कुछ अच्छे Affirmations बोलकर सो जाएंगे, काम वही Afirmations करेगी जो Emotions के साथ है Feeling के साथ है।

अब आप स्वयं ध्यान दीजिये किसे आप ज़्यादा Feeling देते है जो गाने आप गा रहे उन lyrics को या सोने से पहले वाली Affirmation को।

आज जब मैं ये Book लिख रही हूँ तब तक इतने सारे गाने के Result मैंने अपनी ज़िन्दगी में देखे और बहुत ही दावे के साथ कह सकती हूँ कि आपका चुना हुआ एक अच्छा गाना आपकी ज़िन्दगी बना भी सकता है और अच्छी भली

ज़िन्दगी में उथल पुथल भी मचा सकता है आपके गाने का ग़लत चुनाव।

तो सोच समझ कर गाने चुने, सुने और गाये क्योंकि आप उसी गाने की तरह ज़िन्दगी को Create कर रहे है। आपको अपने कुछ अनुभव शेयर करती हूँ आप समझ जाएंगे और बिलकुल Change करेंगे अपनी Playlist और मैं भी यही चाहती हूँ कि कोई भी कसर न छोड़े हम अपने सपनो को बुनने में और उन्हें साकार करने में।

चलिए सुनते है कुछ गाने आज मेरी playlist से:-

1] लव यू ज़िन्दगी

बिना सोचे समझे मैंने 2019 में रोज़ Ritual की तरह सुनना शुरू किया फिर मैं नोटिस करती गयी कि ये गाना मेरे जीवन में अपनी जगह बनाता जा रहा है क्योंकि मैंने इसे खुश होने के लिए गाया फिर ख़ुशी आयी, तो फिर और गाया और फिर धीरे-धीरे ज़िन्दगी बेहतर और भी बेहतर होती गयी कि ये गाना मेरी playlist के साथ ज़िन्दगी का भी हिस्सा बन गया।

2] Newyork

एक गाना मेरी playlist में है Newyork और वह हर रोज़ सुना और ये Manifest हो गया। इस बात का एहसास तब हुआ जब Newyok के Hilton Hotel के 45th Floor पर मैं और मेरी बेटी Apple उसी गाने को गा रहे थे। अब समझ आता है कि मैंने कोई भी Efforts नहीं लगाए थे New york जाने के लिए,

बस एक Vision board, कुछ Affirmations और एक गाने ने सब कर दिया और मैं Newyork पहुँच गयी।

3] Seven Rings

पहली बार मेरी बेटी Apple ने मुझे इस गाने के बारे में बताया, "Mom Ariana Grande भी law of Attraction Follow करती है" जब मैंने सुना और उसके lyrics पर ध्यान दिया तब समझ आया Law of Attraction भी बहुत powerful है और इस गाने के lyrics भी।

बस फिर क्या था कर लिया इसे भी playlist में शामिल और जब Diamond Ring हाथ में आयी तब मुझे मेरी ही Student ने बताया कि " Mam आपने ये भी Manifest कर लिया, क्योंकि सब इस गाने को अच्छे से सुन चुके थे।

मेरा "शब्दों की बातें" Webinar मैं इसी गाने से शुरू करती थी और अगर आप भी इसे सुने तो समझ आएगा यही है Law of Attraction जहाँ सिर्फ़ बड़ी-बड़ी बातें करना है बाक़ी सब काम आपकी बातें करेंगी, तो अभी सुन लीजिये इस गाने को आगे बढ़ने से पहले।

4] ए दिल लाया है बहार

इस गाने को तो मैं Signature बना चुकी हूँ अपनी Meet And Greet का। जब सुनना शुरू किया था तब सिर्फ़ गिनती के 5 लोग थे मेरे साथ बाद में अपनों के प्यार का कारवां बड़ा होता गया और बढ़ता ही जा रहा है।

मेरे परिवार के पांच सदस्य के साथ Instgram Reel बनाई थी तब शुरू हुआ था इस गाने का सिलसिला, उसके बाद वही गाने में परिवार के और सदस्य जुड़े जब मैंने मेरा 47th Birthday वृद्धाश्रम में मनाया था फिर वही गाना Play किया पर इस बार 5 नहीं 50 सदस्य थे।

फिर दिल्ली में जब मैं अपने Youtube Family से मिली 40 से भी ज़्यादा सदस्य थे एक बार फिर वही गाना Play हुआ।

उसके बाद परिवार के वह सदस्य जो मेरी ज़िन्दगी में कुछ वर्षों के लिए नहीं थे वह भी शामिल हुए जब मैंने एक बार फिर ये गाना अपने पापा मम्मी के 63rd Wedding Anniversary के मौके पर Play किया और अब तो ये गाना मैं ही नहीं मेरे

कई Students ने इसे अपने हर मौके पर Play करना शुरू किया है क्योंकि ये गाना आपकी Frequency तो बढ़ाएगा ही पर इसके lyrics आपके परिवार में वही माहौल भी बना देंगे, मेरी मत सुनिए, ये गाना सुनकर आप ही देख लीजिये इसका असर।

5] लिफ्ट करा दे:

जब ये समझ आया की गानों का मेरे जीवन में बहुत असर है तो फिर मेरा प्रयास शुरू हुआ सही गाने चुनकर उस पर Videos बनाने का, क्योंकि जब तक Video बनता है, जब मैं उस का shoot कर रही होती हूँ मैं उसी Frequency में रहती हूँ और वह हो जाता है।

जब लिफ्ट करा दे बनाया था तब तक किसी हीरे मोती का कोई शौक भी नहीं था और Budget भी, पर गाने की Frequency ने हाथो में हीरे, सोना Platinum सब ला दिए। ये है इस गाने की Energy.

6] चाँद तारे तोड़ लाऊँ-

जो भी चाहूँ वह मैं पाऊँ-अब तो जैसे सिलसिला शुरू हो ही चुका था, मुझे याद है ये गाना Shoot करने से दो दिन पहले ही मैंने मेरी बेटी Apple से कहा-मुझे Diamond Ring लेनी चाहिए।

मैं ये कहकर भूल गयी उसके बाद कुछ ऐसा हुआ कि अचानक इस गाने के लिए Impulse आई हमने गाना Shoot किया और दो दिन बाद जब हम Diamond Ring अचानक जाकर ले आये थें तब फिर एक बार गाने के lyrics पर ध्यान आकर्षित हुआ "जो भी चाहु वह मैं पाऊं" न तो Budget था

और न ही कोई मौका पर जो चाहा वह पाने में मात्र दो दिन लगे और फिर एक बार मेरा विश्वास और भी पुख्ता हो गया कि गाने के Lyrics में Manifestaion Power है क्योंकि वह Affirmations का sound frequency के साथ Combination है, इसीलिए तो Subliminal Videos बहुत काम करती है।

इसी तरह कुछ और अच्छे गाने है जो मेरी Playlist में शामिल है, तो अब देर किस बात की जल्दी से सही lyrics के गाने ढूँढिए और करिये तैयार आपकी Manifestation List यानी आपके बेहतरीन गानों की Playlist, बस हो जायेगी "Life easy n effortless", music के साथ।

तो गाने का lyrics मतलब Affirmations तो सोच समझ कर गाने चुने, सुने और गाये क्योंकि आप उसी गाने की तरह ज़िन्दगी में Affirmations दे रहे है और Music के साथ जो Vibration और Frequency आपकी ब्रह्माण्ड में पहुँच रही है वही आपके Quantum Field से आपकी Desire को Physical Form में लाएगी।

तो चलिए एक बार इन शब्दों पर भी थोड़ी नज़र डालते है, क्या है ये Vibration और Frequency.

Chapter 6

मेरी Vibration और मेरी Frequency

"जाकी रही भावना जैसी, प्रभु मूरत देखि तिन जैसी"

दोस्तों Science student हूँ तो ये शब्द Physics में बहुत पढ़े थे पर तब स्कूल में ये Subject पसंद नहीं था, आज फिर इस Physics को समझ कर Quantum Physics को समझने की हर रोज़ कोशिश कर रही हूँ, कई बड़े Authors और उनकी लिखी Book को पढ़कर ये Subject को अभी और समझना है, ज्यादा गहराई से समझना है और जब महारत हासिल होगी तब शायद आपको बहुत ही Deep Meaning और Explaination के साथ और भी समझा पाउंगी, क्योंकि ये बहुत ही Vast और Deep Science है जितनी डुबकी लगाएंगे उतना ही डूबते जाएंगे।

मैं आपको उतना deep जाने को नहीं कहूँगी क्योंकि आपने अगर मेरी पहली Book पढ़ी है तो Subject को सरल भाषा में ही कहना मुझे पसंद है जिस से कुछ की जगह कई Readers को समझा सकूँ।

क्योंकि दिमाग़ से ज़्यादा आपके दिलों तक बात पहुँचा कर आपकी ज़िन्दगी का आसान सफ़र शुरू करवाना ही मेरा Mission है, जब सरल भाषा समझ कर जिन्दगिया बदलती

है तो ये मायने नहीं रखता कि क्या सिखाया बल्कि ये मायने रखता है जो सिखाया वह सार्थक हुआ की नहीं।

कई Practical और Logical Mind सही और ग़लत को पहचानने की कोशिश करते है पर मेरा ज़िन्दगी को देखने का नज़रिया थोड़ा अलग है Purpose Solve हो गया तो सब सही है, और सही बात भी अगर Purpose Serve नहीं कर पा रही तो उसके मायने कुछ नहीं रहते।

तो Vibration और Frequency को मेरी भाषा में समझाऊँ तो ये वह Emotions है जिस से आपके रोंगटे खड़े हो जाए, चेहरे पर मुस्कुराहट और उस सपने को पूरा होते देख अगर ख़ुशी होती है तो हम सब ने Vibrationally अपने सपने को पा लिया है और बस अब इसी Vibration को आप जितना बनाये रखेंगे अपनी ज़िन्दगी में और उसी Vibration से Frequency को High रखना है जिस से Quantum Field में आपकी Desire, जो Already Exist करती है उसके साथ Frequency को Match करके हम उसे हमारी current Field में ला सकें।

जब हमारा Mindset एकदम से बदल जाता है, हम Positive हो जाते है, खुश हो जाते है, celebrate करने लगते है उसी तरह के Celebration और खुशियाँ बल्कि कई खुशियाँ हमारे जीवन में हम Create करते जाते है, इसको अगर मैं बहुत ही सरल भाषा में समझाऊँ थोड़ा Funny है पर समझने के लिए आसान है।

माँ के हाथ के आलू के पराठे अगर आपने पहले पराठे पर बोल दिया बहुत अच्छा बना है अगला परांठा फिर माँ आपकी

प्लेट में रख देगी पर आपने अगर माँ के हाथ पकड़ कर कहा कितना अच्छा खाना बनाती हो माँ, आपने माँ की ख़ुशी यानी की Frequency Match कर दी। आपकी माँ अगले पराठे पर अब Butter भी डाल देगी खाओ बेटा और खाओ कहकर, दही और अचार भी Offer हो जाएगा।

बस उसी तरह ये Universe यानी आपका inner-being जिस बात को लेकर खुश है, आप जिस व्यक्ति को लेकर उसकी Qualities को पसंद कर रहे है जो कार पसंद आयी या घर या हर इंसान और वस्तु को Appreciate करके और जितना उस बारे में सोच कर खुश हो रहे है आप Frequency बढ़ा रहे है अपनी उस Desire वस्तु या व्यक्ति के लिए और जैसे ही Frequency Match हुई आपके पास उस व्यक्ति या वस्तु को आना ही होगा, हमने बहुत कुछ जाना है Frequency Match करो Radio पर जो गाना सुनना है fm या tv पर स्टार plus लगाएंगे तो frequency मैच करेगी starplus का शो ही आएगा।

Sony channel का शो देखने के लिए Sony Channel से ही Frequency Match करनी होगी, न की star plus से। बस उसी तरह पैसे के साथ Frequency Match करने के लिए पैसे को ही Appreciate करें, उसके बारे में सोचे दुःख और तकलीफ के Channel से frequency Match करके पैसों का show कैसे देख पाएंगे?

ये बहुत ही scinetific है पर मैं चाहती हूँ आप बस समझ जाए जो असली खिचड़ी पकनी है वह सही आंच और सही भाप से ही बनेगी और स्वादिष्ट ही बनेगी, बस अपनी आंच और

भाप का सही मात्रा में ख़्याल रखे, यानि की Vibration और Frequency का ख़्याल रखे बाकि सब कैसे होगा कब होगा का बेहतर ख़्याल रखा जाएगा ब्रह्माण्ड द्वारा।

लेकिन क्या इस Frequency को हमेशा बनाये रखा जा सकता है? मुझसे कोई पूछेगा तो मैं कहूँगी जी हाँ बिलकुल 24 घंटे आप सही Vibration और High Frequency में रह सकते है मेरी बात करें तो मेरी Frequency को बढ़ाने का योगदान मेरा डांस है Special कुछ गाने है जिन्हे मैंने एक Ritual की तरह अपनाया है जिसमे से एक है "Money is coming to me"।

A) Money is Coming to Me

**"इंसान कहता है की पैसा आये तो मैं कुछ करके दिखाऊं।
और पैसा कहता है कि तू कुछ करके दिखा तो मैं आऊं!"
तो क्यों न पैसे आने के लिए पहले ही झूम ले।**

अब तो ऐसा लगता है जैसे "करोड़ों की बातें" के साथ-साथ इस गाने की भी Brand Ambassador बन गयी हूँ मैं, इसे इतना गाया है, इतना बजाया है अपने Webinar में और मेरे साथ हज़ारों को डांस भी करवाया है इस गाने पर। जिसे पैसे चाहिए उसके लिए तो ये रोज़ की आरती है।

जी हाँ दोस्तों, 26 rupees का Bank Balance और इसी गाने को Play करके मस्त होकर जब मैंने dance किया आज तक पैसा Easy Flow के साथ मेरे जीवन में आ रहा है इस गाने के lyrics, Music और मेरे Dance का Combination बहुत बड़ा कारण बना मेरे Finance को बेहतर करने का।

तो मैंने इस गाने को बहुत Promote किया क्योंकि जब पैसा आसानी से, डांस से आ सकता है तो मेहनत करके अपने आपको परेशान क्यों करना। आप सिर्फ़ डांस करना शुरू करें, पैसा ख़ुद अपने रास्ते बना लेगा आप तक पहुँचने के, और मैं इसलिए कह पा रही हूँ क्योंकि मैंने ऐसा ही किया था और जब हज़ारों Students ने भी मेरे कहने पर यही किया और आसान हुआ उनका भी सफ़र पैसे के साथ।

तो देर किस बात की Music Play कीजिये और अभी इसी पल शुरू कीजिये डांस और कर दीजिये Release आपके लिए जो सबसे Important Happy Hormone है उसे अपनी Body

में, बाकि का काम आपके 1400 Chemicals करेंगे और आप भी लिखेंगे अपनी Success Story मेरी ही तरह।

क्योंकि 2019 में Law of Attraction का जो सफ़र शुरू किया था तब पूरे Youtube पर मैंने ऐसा कोई Video नहीं पाया जो ये कहता हो कि Dance अपने आप में एक बहुत बड़ी Technique है पर आज मैं कह रही हूँ पूरे यक़ीन और Proof के साथ और बाद में दुनिया भी कहेगी।

क्योंकि 2019 से लेकर अगर Consitency के साथ मैंने Gratitude किया, Meditation किया तो कुछ भी छुपाना नहीं है आपसे, मैंने Dance भी किया और हर रोज़ किया, Consistency के साथ किया वह बात अलग है आज समझ आया कि मेरे डांस ने बहुत बड़ा contribution किया है मेरी Success में।

वह 1400 Chemicals ने पहले मुझे Repair किया मेरे Pains मेरे Negative Emotions को। क्योंकि नयी शुरुवात से पहले पुरानी टूट-फूट की मरम्मत करना बहुत ज़रूरी है।

कई स्टूडेंट मेरे पास आते है सब कुछ करने के बाद भी कोई फ़र्क़ नहीं तब मैं उन्हें सिर्फ़ यही एक Remedy बताती हूँ क्योंकि Long Drive पर जाते समय अगर आपकी कार ख़राब हो जाए, या Tyre Flat हो जाए तो ये पक्की बात है आप कितनी भी कोशिश कर ले, आगे तभी बढ़ पाएंगे जब Repairing होगी।

दोस्तों अगर याद करेंगे तो बचपन से लेकर आज तक हमें कई बार Hurt किया गया, कई बार हमसे ऐसी बातें कही गयी जिस वज़ह से हम काफ़ी दुखी हुए, पर कुछ कह और कर नहीं

पाते थे और ये Negative Emotion हमें कभी आगे बढ़ने नहीं देते और हम सोचते है ज़िन्दगी में Growth क्यों नहीं हो रही?

कैसे संभव है जब तक repairing नहीं होगी तो सफलता कैसे आएगी, क्योंकि मैंने अक्सर देखा है दोस्तों सफल और खुशहाल व्यक्तियों के पास न तो Negative emotions होतें है, न किसी से ईर्ष्या न किसी से शिकायत क्योंकि वह Repair और Heal हो चुके होते है तभी तो सफलता के आसमान में उड़ान भरते है।

"खोल दे पंख मेरे, कहता है परिंदा,
अभी और उड़ान बाक़ी है,
ज़मीन नहीं है मंज़िल मेरी
अभी पूरा आसमान बाक़ी है"

दोस्तों अगर LOA Technique करके आप थक गए हो और कुछ अंतर नज़र नहीं आया आपके जीवन में, तो मेरी मानिये सिर्फ़ Dance करना शुरू कर दे, Heal करें अपने आपको, Repair करें उन Hurtful Emotions को और फिर देखिये कैसे होते है सारे सपने पूरे।

Repairing के बाद तो बस Acclerator पर ध्यान देना है और चलिए सफलता के रास्ते पर और पहुँच जाइये अपने गंतव्य तक इस music और Dance के साथ हँसते खेलते जैसे कि आप मुझे देखते है।

मेरी Journey में अब बस Elevated Emotions ही है और Dance करते-करते Joyful Mode में रहकर सफलता का लम्बा सफ़र तय कर लिया बहुत ही कम समय में, क्योंकि सफलता और वक़्त का कोई नाता नहीं पर सफलता

के साथ आपकी Frequency का बहुत गहरा रिश्ता है उसे ध्यान रखे।

नाचे गायें और पूरी दुनिया में धूम मचाये आज ही संकल्प लीजिये। 26 रुपये के Bank Balance से लाखों की धूम मचाने के लिए Bank Balance के Concept को समझना भी बहुत ज़रूरी है।

तो चलिए अब आगे समझ लेते है कैसे मुझे Zero Bank Balance से 25000 के Bank Balance ने दी लाखों की समझ? ये भी एक बड़ा Secret है जिसे आप समझ कर अपनी Money की Frequency बढ़ा सकते है, चलिए आगे बढ़ते है इस करोड़ों के सफ़र में।

Chapter 7

मेरा Zero Balance Bank Account

Zero को भी चाहिए किसी एक नंबर का साथ Hero होने के लिए,

जीरो Balance Bank Account से करोड़ों की उम्मीद है आपको??

दोस्तों बैंक में Zero Balance Account कई परिवारों के लिए सहूलियत हो सकती है पर ये सहूलियत की वज़ह से कई बार हम अपना नुक्सान कर रहे है, इसका हमें अंदाज़ा भी नहीं है।

"Zero Balance Account की Frequency Zero ही होगी

लाखों का Bank Balance तो हज़ारों के Saving Account से ही आएगा।"

मैं आज इस subject पर बहुत ही विश्वास के साथ इसलिए बात कर सकती हूँ क्योंकि मैंने zero balance account भी खोला और 25000 का पहली बार दिल बड़ा करके एक Private Bank में भी Account open करने की हिम्मत की, पर हिम्मत ने पूरा lifestyle बदल दिया।

कैसे एक बैंक के Savings Account ने मुझे Economy Class से Business Class का सफ़र करवा दिया, इसका पूरा श्रेय मैं बैंक Account को दूंगी। चलिए विस्तार से बताती हूँ आपको ये कहानी।

तो दोस्तों System बहुत बदल रहा है पहले सिर्फ़ National Banks होती थी जहाँ कई बार 100, 500 या 1000 rupees में हम savings account खोल लिया करते थे और उतना पैसा हम हमेशा बैंक में रखते ही थे, और तब हमने Average Quarterly Balance Maintain करने का कभी Pressure नहीं आया, वक़्त बदला Private Banks आयी, उनका Infrastructure बदला पर Infrastructure को Maintain करने के लिए बैंक ने अब Charges लगाने शुरू किये और हम कई बार सारे पैसे Emergency में निकाल लेते है आजकल बैंक आपके Balance से AQB का Charges लगाने लगी और हमने इन Banks में Account बंद कर दिया, और फिर शुरू हुआ Zero Bank Balance का Offer Banks की तरफ़ से और हमारा भी इस तरफ़ रुझान बढ़ा।

ये आपके साथ हुआ या नहीं पर मेरे साथ ऐसा ज़रूर हुआ और तभी से मेरा सिर्फ़ Zero Balance Acoount या Minimum 1000 Rupees में Account open किया पर वर्षों तक Account में 25000 रुपये की भी Savings नहीं कर पायी।

फिर मेरा Mindset बदला, पैस को लेकर मैं Comfortable हुई, Journey आपको पता है मेरी, बहुत पुरानी नहीं है 2021 से ही शुरू हुई 26 rupees के Bank Balance से लाखों का

Bank Balance भी किया मैंने और इसी वज़ह से थोड़ा भरोसा हुआ और एक बार फिर मेरे सामने वही Bank आयी जिसमे कई वर्षों पहले AQB charges की वज़ह से मैंने Saving Account बंद किया, पर इस बार हिम्मत की एक नए Mindset के साथ और एक नया Account शुरू किया सही सोच के साथ 25000 रुपये का savings account.

25000 का Balance मुझे Maintain करना ही पड़ेगा ये पता था और मैं Ready थी पर इसके साथ आया Debit Card जिसमें Airports के Business Lounge का Access complimentry है, और अब क्या था Brain को लत लगी Travel के दौरान Business Lounges को इस्तेमाल किया, कितना Comfort होता है जब आप कहीं लम्बे सफ़र पर हो, और Layover Flights हो, वैसे तो 2019 से कई International trip और Airports पर जा चुकी थी पर इस Bank के Debit card से पहली बार चंडीगढ़ में Business Lounge इस्तेमाल किया।

एक ही बार तो Brain को आदत देनी थी, बाकि का काम Brain करता है, धीरे धीरे हम Airport पर Lounges Access करने लगे, debit card की वज़ह से और business lounge की feeling ने business class की Feeling को stimulate किया और Brain ढूंढ़ने लगा बहाने Business Class के लिए और बहुत ही आसानी से एक बार फिर मैं Seminar के लिए America गयी, पर इस बार Economy Flight में नहीं बल्कि 11 hours की Long Journey मेरी Business class में थी।

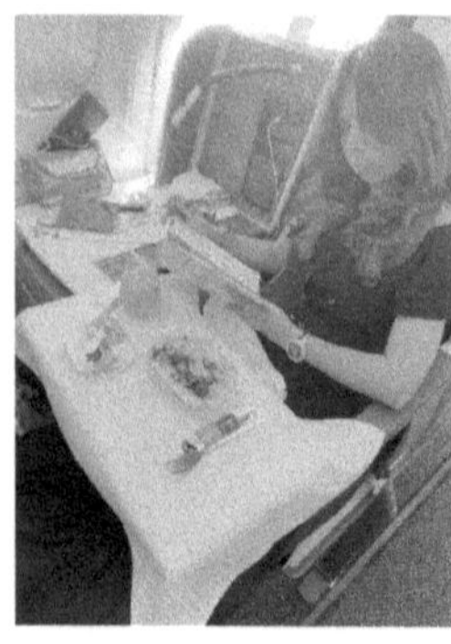 

ये सब एक सिलसिला है दोस्तों Event होते जाएंगे आपके जीवन में उसी तरह के जिस तरह की आदत आप अपने Brain को देंगे एक बार ही आदत देनी थी अब Brain को वही चाहिए और सब बहुत ही आसानी से हो रहा है।

ये बात मैंने Instagram की एक Reel में Motivational Speaker को कहते सुना जो मुझे मेरी भतीजी प्रियाशा ने देखने को कहा और मैंने जाना कि आपको सिर्फ़ एक बार ही Brain को महंगी Services या Products की आदत लगानी है, और फिर आपके Brain को एक बार चस्का लग गया और Brain को ये अनुभव अच्छा लगा अब आपके Brain को अगली बार भी वही चाहिए और आपका Brain उसी Activity में लग जाता है और Create करता है Situation कि फिर वही अनुभव कैसे मिले और बस आपको आपका Brain ऐसे Idea देगा कि आप जयादा से ज़्यादा या कई Sources से उतना पैसा कमा सकें जिस से वही Luxury और Comforts आपको मिल सके।

बस ये Brain को लत लगाने की शुरुवात हम पैसे को लेकर कई Fear और Insecuritites की वज़ह से नहीं कर पाते, ये

मेरा Personal Experience है और मुझे बहुत वक़्त लगा इस आदत को बनाने में।

क्योंकि एक सोच है शुरू से जो हमें हमारे परिवार से मिली, समाज से मिली, हर Logical समझदार से मिली कि पैसा Save करना चाहिए पर ये वाक़ई में ग़लत Programming थी जिसे मैंने reprogramme किया और मैं चाहती हूँ कि एक बार आप तरीक़ा बदलिए, खर्च करने का, अपने Finances को सँभालने का, और देखिये किस तरह Gradually आपकी Financial Conditions बेहतर होती जायेगी।

इसीलिए मैं कहना चाहूंगी कि एक बार Brain को लत लगाए, Luxuries की, Comforts की और बड़े-बड़े लोग जो करते है वैसा बनने की, पहले आप आदत बनाये फिर आपकी आदत ही आपको बना देगी वही बड़ा आदमी जो आप बनना चाह रहे है।

बिना देर किये एक छोटा क़दम उठाये एक बड़ा Bank Balance का Account शुरू करें और तय करें उस पैसे को इस्तेमाल न करें वह Balance बना कर रखे, बाकि सारा काम आपका वही Bank Balance करेगा, पैसा ही पैसे को खींचता है पैसे के नियम को जितना मैंने समझा है यही है नियम पैसे का भी और ब्रह्माण्ड का भी law of attraction.

बड़े बड़े ख़र्च करने के वक़्त हम Middle Class परिवार कल की चिंता करते हुए पैसा बचाने में लगे रहते है और कभी भी उस Fear की वज़ह से बड़ा होते देख नहीं पाते अपने आपको, यहाँ पर मुझे इन दस वर्षों में जो काम आया वह मेरी एक बहुत ही Strong सोच थी की आज तो सब ठीक है न,

कल का कल देखेंगे और ये सोच ने मुझे यहाँ तक पहुँचाया है, इस सोच का बहुत ही बड़ा महत्त्व मुझे तब समझ आया जब "Power of Now" Book पढ़ी और पता चला कि मैं जाने अनजाने में यही Rule follow करती हूँ दस वर्षों से, सही सोच के साथ जी रही थी और शायद इसीलिए 10 वर्षों का सफ़र Apple मेरी बेटी के साथ अकेले तय कर पायी।

तो चलिए Power of Now को discuss करते है, क्योंकि जो है वह यही है, ये पल, आपका NOW, Power of Now.

Chapter 8

मेरी सोच - Power of Now की सोच

"कल की सोच ने मुझे आज जीने नहीं दिया, आज जी भर कर जब जीया तो मेरा कल संवर गया"

Power of now के बारे में तो मैं आपको समझाउंगी ही पर उसके पहले एक ज़रूरी बात "Accept your now"।

दोस्तों Power of Now, मतलब इस पल की power, ये Book के बारे में सब जानते है ये Highly Recommended best seller Book है।

ये ऐसी Book है दोस्तों जो कई बार Readers को आसानी से समझ नहीं आती, एक Page पढ़कर Book पढ़ना ही छोड़ दिया ये भी अनुभव मैंने सुने है मेरे कई Students से और उनके इस अनुभव को अच्छे से समझ सकती हूँ क्योंकि मेरे साथ भी यही हुआ, Power of Now ये Book 2019 से मेरे घर पर 2021 जून तक सिर्फ़ रखी हुई थी और मैंने इसे जब-जब पढ़ने की कोशिश की एक पेज की बात ही नहीं कर रही सिर्फ़ कुछ paragraph पढ़ने के बाद समझ आता ये बुक पढ़ना मेरे बस की बात नहीं।

पर कहते है न जब आप अपनी Source Energy यानी की ब्रह्माण्ड से Connect हो जाते है तो जो भी आपके लिए ज़रूरी है बार-बार वही वस्तु या व्यक्ति आपकी ज़िन्दगी में ब्रह्माण्ड बार-बार भेजता है।

2021 जून तक काफ़ी सारे Videos बना चुकी थी मैं Youtube पर जब 100 subscribers थे, अचानक एक दिन अपनी बेटी Apple से कहा कुछ तो है इस Book में जो मैं शायद Miss कर रही हूँ क्योंकि हर successful व्यक्ति के हाथ में और बात में मैंने "Power of Now" को पाया और अब मैंने अपने आप को ये कहते पाया कि दो वर्षों से ये Book मेरे घर में है और मैंने नहीं पढ़ी मतलब मैं काफ़ी वक़्त गँवा चुकी हूँ और अब पढ़ने में और वक़्त नहीं गवाउंगी।

मैंने Apple से वादा किया कि ये बुक 4 दिन में पढ़कर ख़त्म करुँगी दिन और रात, और मैंने किया, Book तो पढ़ी पर चार दिन में Book पूरी पढूं उस से पहले ही इतना कुछ हुआ ज़िन्दगी में कि आज तक उस Book के आखरी 25 पेज पढ़ने का वक़्त नहीं मिला, ऐसा वक़्त बदला Power of Now ने।

इतना Power किसी Book का हो सकता है कभी नहीं सोचा था, वह बात अलग है "40 से 40 crore" Book ने भी उतने ही Power से ज़िन्दगी बदली मेरी भी और हज़ारों की भी।

खैर इस वक़्त हम Power of Now के Power को discuss कर रहे है और मैं बताना चाहूंगी इस Book को जिसने नहीं पढ़ा उसने अभी तक अपने Power को नहीं जाना है। क्योंकि जब व्यक्ति को उसकी असली Power

की Awareness आ जाये कि Creator वह ख़ुद है तो हर व्यक्ति सुख और खुशियाँ ही Create करेगा पर अगर कोई दुखी और परेशान है किसी भी वज़ह से इसका मतलब स्वयं के Power की Awareness नहीं है और Power of Now पढ़कर कोई भी Powerless नहीं रह सकता ये मैं आपको बहुत ही भरोसे और निजी अनुभव के साथ बता रही हूँ कि पढ़ लीजिये ये एक Book, आपने मेरी ज़िन्दगी के Major Shifts देखे है।

Power of Now में ऐसा क्या है कि 9 साल का मेरा struggle चार दिनों में ख़त्म,26 रुपये से 150000 का बड़ा Bank Balance 30 दिन में इतनी आसानी से हुआ कि मुझे सोचना भी पड़ा और यक़ीन भी हुआ कि ये Power of Now का ही कमाल है, पर ऐसा क्या है इस बुक में?

Power of Now का सीधा-सीधा अर्थ जिसे Ekhart Tole ने हमें समझाने की कोशिश की है कि अगर हम सिर्फ़ Now में जिए मतलब जो पल हाथ में है उसे अपना 100% दें तो जीवन में न कोई Stress होगा न Anxiety और अगर हम Law of Attraction के नियम को अच्छे से समझते है तो वह आपको वही देगा जो इस वक़्त इस पल दिमाग़ में या दिल में चल रहा है।

जिस तरह की भावना होगी उसी तरह का अगला पल होगा क्योंकि Law of Attraction का साधारण-सा नियम है अभी कैसा Feel कर रहे है वही मिलेगा और वैसा ही मिलता रहेगा जैसी Feeling है, तो अगर इस वक़्त इस पल में आपके दिमाग़ में पिछले पल यानी की Past की बात को लेकर कुछ चल रहा है, आप फिर उसी को Recreate कर रहे है।

अब आप कहेंगे Brain है Thoughts तो आते ही है, आपने हार मान ली Brain के आगे तो तैयार रहिये जिस तरह की बातें Brain आपको दे रहा है आप वैसे ही Future के लिए फिर Ready रहे, या फिर आपके पास Choice है कि Brain पर Control करें, Brain हमें नहीं बताएगा, हमें क्या सोचना है हम Brain को बताएँगे की हम क्या चाहते है।

क्योंकि दोस्तों मैंने कई बार मेरे स्टूडेंट्स से और हर वह व्यक्ति जिस से मैं मिलती हूँ वह अगर परेशान है और मैं पूछती हूँ क्या परेशानी है वह या तो Past के बारे में बात कर रहे होते है या Future की चिंता करते है और ध्यान से देखे तो उनका वह पल जो उनके हाथ में है वह पल तो वह मेरे सामने या तो laptop पर, फ़ोन पर, Zoom Meeting में घर में Internet की सहूलियत के साथ परिवार में रहकर मुझसे बात कर रहे होते है। तो तकलीफ कहाँ है, तकलीफ थी या तो past की या worries है future की।

इस पल में कहाँ तकलीफ है?

पिछला पल जो जा चूका है जो हो चूका हम उसका कुछ भी नहीं कर सकते तो उसके बारे में बात करके इस पल को क्यों बिगाड़े, और भविष्य का पल यानी अगला पल जो आया ही नहीं उसके बारे में चिंता क्यों करें?

चिंता करके आप अपना अगला पल ख़ुद चिंतनीय बना रहे है, और ब्रह्माण्ड ने ये एक पल दिया है आपको जो की हाथ में है उस पल में अच्छा सोच कर अच्छा महसूस करें और अगले पल को भी वैसे ही बनाये।

बस इसी बात में सब कुछ समाया हुआ है, Power of Now का मेरी भाषा में मतलब है "Honour your Now"।

Honour your now जी हाँ जिस दिन हम अपने पास जो पल है उसका सम्मान करने लगे बस यही पल आपके जीवन में वह पल ला देगा जिसका दुनिया सम्मान करेगी जैसा मेरे साथ हुआ, इस Book को पढ़ने के बाद।

तो इस बुक में आगे बढ़ने से पहले मैं चाहूंगी एक पल का Break ले, इस बुक को अभी order करें और "करोड़ों की बातें" पूरी पढ़ने के बाद ईमानदारी से इस Book को पढ़े और जिये खुल के पूरी ईमानदारी से अपने Now में और बनाये अपने जीवन को Powerful " Power of Now के साथ।

अगर सोचा जाये तो बहुत ही Impractical लगता है ऐसा करना और कई Logical समझदार व्यक्ति काफ़ी Argue करते है, क्या भविष्य की नहीं सोचे?

पर क्या मिल रहा है भविष्य की सोच कर या logical होकर इस सवाल का जवाब मुझे न दे, बल्कि स्वयं को दे, अगर भविष्य की सोच कर और Practical होकर कुछ नहीं मिला तो थोड़ा Impractical होकर जीने की कोशिश करें शायद भविष्य के बारे में सोचने की और चिंता करने की ज़रूरत ही महसूस नहीं होगी।

भविष्य के बारें में सोचकर इस पल को हम नज़रअंदाज़ कर देते है और कब ज़िन्दगी का आखिरी पल आ जाता है हमें पता ही नहीं चलता और हम सोचते है हम ठीक से जिये ही नहीं।

ज़िन्दगी का सार ये रहा कि हम हर पल में या तो पिछले पल की फ़िक्र में परेशान थे या अगले पल की चिंता में डूबे थे और कई लोगों के लिए चिंता करते हुए ज़िन्दगी जी रहे थे कि

"चिंता" शब्द से एक बिंदु हट कर वह "चिता" में कभी भी बदल सकता है। "ये सत्य है"।

बल्कि अगर हम इस पल के बारे में सोचे कि कैसा लगता है इस पल को जब हम इसे Dishonur करते है, ये तो वही बात हुई कि आपने किसी से मिलने का Appointment लिया, आप वक़्त पर मिलने पहुँचे वही व्यक्ति उस मीटिंग में पूरे वक़्त किसी और से बात कर रहा हो क्या आपको पसंद आएगा?

आप कहेंगे फिर मुझे क्यों बुलाया था, बुरा लगता है न?

बस ऐसे ही दोस्तों इस पल को जो अभी-अभी आया हैं आपके जीवन में उसे बहुत बुरा लगता है जब आप पिछले पल के बारे में बात कर रहे होते है या अगले पल और कई वर्षो बाद जीवन का क्या होगा इसकी चिंता कर रहे होते है।

बहुत बुरा लगता है जीवन के इस पल को ये पल कहता है कि पिछला पल तो गया उसने जो भी किया हो और अगला पल तो आया ही नहीं और Guarantee भी नहीं पर जो मैं आया हूँ आपका वर्तमान, आपका आज, आपका ये पल, मैंने क्या किया? मैं तो बिलकुल नया पल हूँ, इसे तो अच्छे से ख़ुशी से जी सकते है न? मेरे इस पल में क्यों किसी और पल ने क्या किया सोचकर मुझे Dishonour कर रहे है?

बस इसी सोच ने मेरी सोच और आदत दोनों बदल दी और मैं हर पल जैसे ही अगले पल का या पिछले पल का सोचती फ़ौरन मैं इस पल के लिए Aware होकर फिर जो भी उस पल में कर रही होती थी उसी पल को Gratitude देने लगती और इन चार दिन में कम से कम 40 से ज़्यादा पलों का खूबसूरती

से ध्यान रखा और ज़िया, पूरी Awareness के साथ जिया और चार दिन में इतना बड़ा Major Shift आया मेरे वर्तमान में और मेरे जीवन में कि मेरा Now इतना Powerful हो गया कि आखरी के कुछ Page अभी भी पढ़ने बाक़ी है Power of Now के।

अपने वर्तमान को 100 percent देने का नियम मैं काफ़ी वर्षों से जाने अनजाने में ही Follow कर रही थी और काफ़ी हद तक सुकून में रहती थी बस हर पल को 100 percent देना है वह नहीं कर पाती थी कई बार Past की यादों को याद करती और परेशान रहती और कई बार भविष्य की चिंता में रहती पर Power of Now ने 100 percent वर्तमान में रहने के साथ उस वर्तमान के हर पल की Awareness को सिखा दिया और जब हर पल में, मैं उस पल के लिए Gratitude करती तो अगला पल बेहतर होता गया।

इस तरह 24 hours 365 days बिना उतार चढ़ाव के बेहतर हुए, हर पल बेहतर हुआ हर पल ने खुशियाँ दी और आज मैं ख़ुशी-ख़ुशी आप सबके साथ Power of Now के Results Share कर रही हूँ।

मैंने कह तो दिया कि Now में रहे पर कैसे, तो मैं आपको बताना चाहती हूँ मैंने कैसे किया?

मेरी सोच और मेरा मुझसे बातें यानी की Self talk बहुत help करती थी मुझे Now में रहने में, जैसे ही सुबह उठकर Tooth Brush लिया हाथ में, वही से शुरू हो जाता है ये सिलसिला, आपका Brain आपको इधर उधर ले ही जाएगा कभी बीता कल कभी अगला पल पर उसी वक़्त मैं Self Talk करती

और Brain को इसी पल में ले आती " अंजना तुम कितनी lucky हो Brush है Toothpaste है अच्छा घर है, Teeth and Gums तुम्हरा इतना Support कर रहे है और मैं अपने Teeth और Gums को Thank You बोलती और वह पल को Awareness देकर धन्यववाद करती।

अगला पल अगर मैं Kitchen में हूँ चाय बनाने के लिए, फिर ये Brain कहीं न कहीं किसी और पल में ले जाता था कभी Rent की चिंता या Fees की चिंता में, पर जैसे, ही मैं इस पल के लिए Aware होती फ़ौरन अपने आप से self-Talk करती " अंजना तुम किस बात की फ़िक्र कर रही हो तुम्हे इस वक़्त सिर्फ़ एक Cup चाय चाहिए और उसके लिए तुम्हरे घर में पानी है, शक्कर है, दूध है, चाय की पत्ती है और तुम्हारी बेटी चैन से सो रही है और क्या चाहिए इस पल में?

इस पल की इतनी ही ज़रूरत है जो पूरी हो रही है और मैं इस पल को धन्यवाद देती बस इसी तरह सुबह से रात तक हर पल का ख़्याल रखती और धन्यवाद देती जाती, यही है Power of Now.

गीता में भी यही कहा है जीवन न तो भविष्य में है न अतीत में है जीवन तो बस इसी पल में है "power of Now"

बस इस आदत को मैंने बनाया और फिर मेरी इस आदत ने मुझे बना दिया, तो देर किस बात की, इस आदत को बनाने से पहले मेरी आदत (Powerful Secret) पर भी चर्चा कर लेती हूँ।

Chapter 9

मेरी आदत

**"कुछ वक़्त जरूर लगा मुझे नयी आदत बनाने में
फिर मेरी उन्ही आदत ने मुझे ही बना दिया"**

दोस्तों ये सबसे बड़ा सीक्रेट जो मैं आपको बता रही हूँ क्योंकि इसका अनुभव तो मैंने 1999 में ही कर लिया था पर ये नहीं पता था कि Napolian Hill ने भी यही बताया है उनकी "Think and grow Rich" Book में।

क्योंकि मैंने 1999 में और 2000 में सबसे पहले यही किया था, अपने खर्चों की लिस्ट बनाई थी जब मैंने अपना Boutique शुरू करने का सोचा था तब मुझे 25000 रूपये की ज़रूरत थी और मैं अपने घर से लेने की बजाय selfstart करना चाहती थी अपना बिज़नेस, पता नहीं क्यों पर मैंने सबसे पहले एक NoteBook में खर्च लिखे कि मुझे कितना पैसा और क्यों चाहिए और फिर उन पैसों के आने की Possibilities भी लिखी यानी की source और जैसा लिखा था वैसा ही हुआ।

उसके बाद फिर मैंने Year 2000 में अपने बिज़नेस को Expand करने के लिए फिर एक बार खर्चों की list बनाई और

उसके Source की Possibilities लिखी और फिर वैसा ही हुआ जैसा मैंने सोचा था।

पर मैंने कभी नहीं सोचा था मैं जाने अनजाने में Napolian Hill की बताई हुई Technique Follow कर रही हूँ।

क्योंकि तब न तो Internet था और न ही Youtube और न ही किसी ने Self Help Book पढ़ने को कहा, ऐसा कुछ होता भी है कुछ नहीं पता था, Gravitational Force तो स्कूल में पढ़ा दिया गया था पर Law of Attraction पता भी कैसे चलता हमारे Academics system में Self Help Book न के बराबर है।

अपनी Power भूल चुकी थी मैं, पर फिर एक बार मेरा सामना हुआ 2010 में एक Book से जो की Law of Attraction subject पर Famous Book है, उस Book को पढ़ने के बाद पहली बार मैं अपने साथ 1999 की ये Achivement को Connect किया पर फिर जीवन की आपाधापी और struggle में कई बार हम वह सब भूल जाते है और कई सही आदतें भी छोड़ देते है जो हमारे लिए काम कर रही होती है।

मैं भूल गयी थी कि मैं ख़ुद अपनी क़िस्मत लिखना जानती हूँ मैंने 10 वर्षों तक सिर्फ़ Crib किया Complain किया, कुछ नहीं मिला। फिर एक बार 2021 में जब कार्तिका ने मेरा Interview लिया तो मैं कार्तिका का course करना चाहती थी, मुझे 2 महीने का Rent भी pay करना था और कई खर्चे थे जिसके लिए मुझे 150000 rupees की ज़रूरत थी पर इस बार मैं जानती थी कि मुझे क्या करना है क्योंकि तब तक मैं लिखने की Power को समझ चुकी थी।

पर अभी तक मैंने Napolian Hill की "Think and Grow" नहीं पढ़ी थी, पर कहते है न ब्रह्माण्ड के नियम same है आप जाने अनजाने में भी वही कर रहे होते है जो सही होता है क्योंकि आप ब्रह्माण्ड से Connected है तो आपको किसी ने ज्ञान दिया हो या नहीं आपके inner-being को सब पता होता है और वह आपको सही Information के लिए Inspire करता ही है।

मेरे inner-being से मैं कनेक्ट हो चुकी थी Meditation के द्वारा, फिर क्या था, Impulse आयी खर्चों की लिस्ट बनाई और inner guidance जैसा-जैसा मिलता गया Action लेती गयी और 26 रुपये से 150000 का सफ़र सिर्फ़ लिखकर पूरा हुआ और वह भी "30 दिन में"।

इस बार मेरा Confidence सांतवे आसमान पर था मैं समझ चुकी थी कि मेरी क़िस्मत मेरे ही हाथों से लिखी जा सकती है, **कोई और तय नहीं करेगा मेरी किस्मत।**

फिर तो दोस्तों ये एक Ritual बन गया मैं हर महीने का ख़र्चा Month की Starting में पूरे Month के लिए Financial commitments लिखती हूँ और क्या Source हो सकते है वह भी लिखती हूँ।

ज़िन्दगी की गाडी एक बार फिर पटरी पर चलने लगी और जो रफ़्तार पकड़ी आज तक वही रफ़्तार पकडे हुए है "क्योंकि ये Science है Success loves speed" फिर मैंने पढ़ी Napolian Hill की Book "Think and Grow Rich" जिसमे यही तो लिखा था जो मैं कर रही हूँ, बस फिर क्या था "करोड़ों

की बातें" webinar में मैंने वही करवाना शुरू कर दिया सारे Pariticipants से, करोड़ों के खर्चों की List.

करोड़ों की बातें करेंगे तो ब्रह्माण्ड कहता है पैसा तो आ जायेगा पर क्या खर्च की list Ready है?

हजारों से भी ज़्यादा Participants ने करोड़ों की बातें Webinar attend किया है और अनगिनत Pariticipants की list पूरी हुई है ऐसी बहुत सारी Success strory आती है जिन्हे मैं कई बार YouTube पर Publish करती हूँ पर Technically ये Proven Method है कई Successful Personalities ने ऐसा किया है, इसे अपनाया है और सफलता मिली है उन्हें भी और मुझे भी।

पैसे हो या न हो खर्चों की लिस्ट आपकी Ready होनी चाहिए। तो दोस्तों करने में क्या जाता है आप भी लिख दीजिये अपने आने वाले खर्चों की लिस्ट और उसके Possible Sources.

क्योंकि इस बात को मैं आपको Parallel Universe के Concept से भी समझाना चाहूंगी।

दोस्तों जब भी आपके दिल या दिमाग़ में कोई भी बड़ा सपना हो चाहे वह पैसे से, घर से या गाड़ी से हो या फिर किसी बड़े मुकाम तक पहुँचना हो, जब भी पहली बार आपके दिल या दिमाग़ में यह सोच आयी थी Parallel universe में वह Alreday मौजूद है और अगर आपको ऐसा विचार आया है तो ये ब्रह्माण्ड का आपके लिए भेजा गया सन्देश है कि अपने Vortex से तुम यह पा सकते हो।

अब बस आपका काम है जिस भी वस्तु का, Comfort या Luxury का, या फिर किसी व्यक्ति या कोई ऐसी सफलता का आपको विचार आया है अब इसी खर्चे को या अपने सपने को आप जब काग़ज़ पर लिखेंगे तब आप लिखते समय जो Vibration आपकी होगी और High Frequency होगी उस, Frequency से आप Parallel Universe में मौजूद आपके सपनो, आपकी कार आपके सपनो का घर या कोई भी बड़ा सपना जो Vibrationally मौजूद है उसे आप Physical Form में पा लेते है।

और ये बहुत ही आसान है, Ready कीजिये अपने खर्चा की बड़ी List बिना ये सोचे कि कहाँ से आ सकता है कैसे आ सकता है कौन दे सकता है ये प्रश्न मत कीजिये।

क्योंकि ब्रह्माण्ड का सबसे बड़ा नियम है या ये कह ले आप के Brain को आप मत कहें क्या Possibilities है ये Brain आपको Infinite Possibilities से Infinite Sources से Infinite पैसा भी दे सकता है और बहुत ही Unexpected तरीके से Surprise भी दे सकता है।

जब हम अपने Brain को Possibilities देते है तब आप Higher intelligence को Restrict कर रहे होते है और आपकी सोच के आगे आपका Brain ज़्यादा नहीं सोचता क्योंकि आपने सोच दे दी है और जब आप सोच दे देते है और वहाँ से जब कोई Possibilities नहीं होती तब आपका Brain आगे काम नहीं करता क्योंकि आपने ही तो दो चार sources के नाम बता दिए थे

तो वह उन Possibilities पर काम करता है और आगे के Steps पर आपने उसे Restrict कर दिया तो वह Limited

सोच की वज़ह से Unlimited सोच ही नहीं पाता तो दोस्तों ये गलती बिलकुल भी न करें, अपने खर्चों की List बनाये और ब्रह्माण्ड को दे-दे infinite Possibilities के लिए।

पर मैं तो हमेशा Sources भी लिखती हूँ Possible Sources लिखकर मैं अपने Conscious Mind को बता रही होती हूँ कि ये संभव है बस इतना ही मकसद होता है मेरा Sources लिखने का पर न तो मैं उन Sources के बारे में सोचती हूँ और न ही उन्ही sources से उम्मीद रखती हूँ मैं तो हमेशा Surprise और unfoldings के लिए Ready रहती हूँ।

मैं Sources लिखने के बाद उन पर न तो Focus करती हूँ और ना ही उसका इंतज़ार करती हूँ, बस लिखकर Infinite Possibilities के लिए Ready कर लेती हूँ और Recieving Mode में ज़्यादा रहती हूँ।

अगर आप Sources लिखते है तब भी ब्रह्माण्ड को कहिये कि आप Ready है Unfoldings के लिए और सिर्फ़ अपनी vibrations का ख़्याल रखें।

देखते ही देखते आपकी ये आदत ही काफी होगी आपके हर खर्च की list के लिए और बस इसीलिए तो ये करोड़ों की बातों का सफर शुरू किया था मैंने Webinar के रूप में और अब इस किताब के माध्यम से यही चाहती हूँ आप करोड़ों के खर्च लिखते जाए Demand करते जाए universe से unlimited supply आती जाए।

जरुरत से ज्यादा आपके पास हो, जिस से आप अपनी जरुरत के अलावा अपनों की जरुरत का भी ख्याल रख पाएं।

तभी बदलेगी दुनिया और होगी बहुत खूबसूरत और हम ये कर सकते है बस किसी ने बताया ही नहीं था कि इतना आसान है।

दोस्तों काफ़ी लम्बा हो गया ये "करोड़ों का सफ़र" ऐसा लगता है चलती ही जाऊँ पर एक छोटा Break तो बनता ही है, जब तक और ज्ञान आपके लिए अर्जित करुँगी, तब तक आप अपना "करोड़ों का सफर" शुरू कीजिये पर एक बात का ध्यान रखें जो भी होगा वह Surrender और Faith से ही होगा।

Surrender

एक Tag line है जिसे मैं अक्सर कहती हूँ

"कौन बनेगा करोड़पति?
जो पढ़ेगा "करोड़ों की बातें" तो सबसे पहले बहुत-बहुत
बधाई आपको।"

Congratulations आपने करोड़ों का सफ़र तय कर लिया है, बस कर दीजिये Faith के साथ Surrender.

मेरी इस सफल यात्रा को दो शब्दों में कहूँ कि सबसे ज़्यादा मेरे क्या काम आया इस करोड़ों कि यात्रा में, तो मैं कहूँगी बस दो ही शब्द बहुत ज़रूरी थे अगर वह नहीं होते तो मैं यहाँ तक कभी नहीं पहुँच पाती।

तो बस कर दीजिये Surrender, पूरे faith के साथ। मैंने भी सबसे पहले यही किया था और आज भी यही कर रही हूँ।

और आज आप भी यहाँ तक पहुँच ही गए क्योंकि यहाँ तक आना आपकी मर्ज़ी नहीं थी याद कीजिये किस तरह आप तक ये Book पहुँची, "ब्रह्माण्ड की साज़िश समझ आ जायेगी आपने ज़रूर कुछ शिद्दत से चाहा होगा" तभी ये Book तक

आप पहुँचे या ये बुक आप तक पहुँचाई गयी। जवाब आपके पास ही होगा।

ये surrender और Faith अगर नहीं हुआ तो ज़िन्दगी कि कोई भी Book कोई भी technique और teachings कभी काम नहीं आ सकती। Higher intelligence को, ब्रह्माण्ड पर faith रखकर सिर्फ़ surrender कर दीजिये।

सब हो जाएगा, और वह भी बहुत आसानी से यहीं पर इस सफ़र को पूर्ण विराम तो नहीं पर विराम देते है, आपके करोड़ों के सफ़र के लिए अभी जितना ज़रूरी है जानना और समझना सब कुछ है इसमें, मेरे पूरे तीन वर्षों का अनुभव, मेरी पूरी यात्रा, क्या सीखा क्या ग़लत किया, कैसे ग़लत ज़िन्दगी create की, कैसे सुनहरा भविष्य recreate किया, क्या छोड़ा क्या नया अपनाया, सब कुछ है इसमें, या ये कह लीजिये Bible है ज़िन्दगी की भी और करोड़ों के सफ़र की भी।

मैंने अपनी ज़िम्मेदारी निभाई, purpose serve किया जो मुझे दिया गया। पर अब आपकी ज़िम्मेदारी है इसे पढ़े, समझे और दुसरो को समझा कर उनकी भी ज़िन्दगी में contribute करें जिस तरह से आपने "40 से 40 crore" को भी कई ज़रूरतमंदो को दी। बस आप अपने life purpose को serve करें।

चलिए यहीं पर आपकी Anjana Reetoria आपसे विदा लेती है, फिर मिलेंगे कुछ नयी बातों और अनुभव के साथ जल्दी ही मेरी अगली किताब "मैं हूँ से मैं हूँ न" के साथ।

आप सबको ढेर सारी शुभकामनाएँ आपके नए सफ़र के लिए "करोड़ों का सफर", "करोड़ो की बातों" के साथ।

God Bless you All with Lots of Abundance, Prosperity, Success, Happiness and healthy Happy Life.

Keep Learning, keep Earning.

Love

Anjana Reetoria

For more information:-

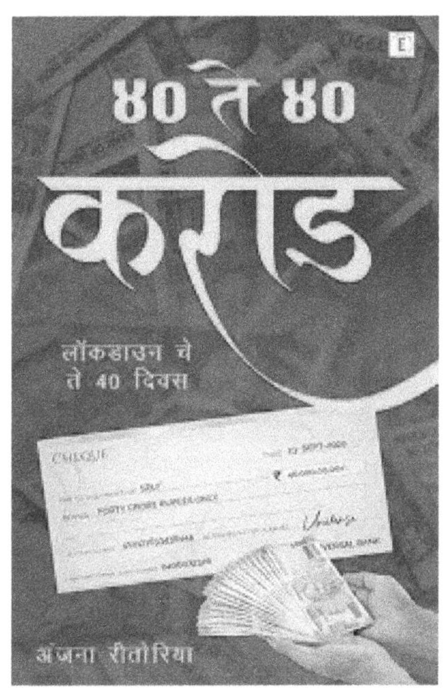

YouTube - Anjana Reetoria

Instagram - 40se40crore

Facebook - Anjanaa Reetoria, Author

Email Id - 40se40crore@gmail.com

Websites:

For courses and webinars - anjanareetoria.com

Happiness Center (Old age Home) -
anjanashappinesscenter.com

(Merchandising) - arblessings.com

www.ingramcontent.com/pod-product-compliance
Lightning Source LLC
Chambersburg PA
CBHW041319120726

48005CB00014B/2055